企业社会责任及其法治化研究

申文君 著

中国纺织出版社有限公司

内 容 提 要

企业社会责任是企业在追求经济利润的同时，对社会和环境承担的一种道义责任。随着社会对可持续发展的日益关注，企业社会责任已经成为企业经营不可或缺的一环。基于此，本书首先论述企业社会责任的理论体系、内容、承担途径与方法；然后围绕企业社会责任与企业人力资源管理、企业社会责任与企业财务管理、企业社会责任与企业生产管理展开论述；最后对企业社会责任的法治化建设、企业社会责任法律制度的完善进行深入分析。本书突破性地将法治与企业社会责任相结合，既满足了法规要求，又促进了企业的社会形象和可持续发展，是一部在当前企业社会责任热点话题中独具深度和前瞻性的专业著作。

图书在版编目（CIP）数据

企业社会责任及其法治化研究 / 申文君著 . -- 北京：中国纺织出版社有限公司 , 2024.9. -- ISBN 978-7-5229-1948-5

Ⅰ . D922.291.914

中国国家版本馆 CIP 数据核字第 2024K1N470 号

责任编辑：林 启　　责任校对：高 涵　　责任印制：储志伟

中国纺织出版社有限公司出版发行
地址：北京市朝阳区百子湾东里 A407 号楼　邮政编码：100124
销售电话：010—67004422　传真：010—87155801
http://www.c-textilep.com
中国纺织出版社天猫旗舰店
官方微博 http://weibo.com/2119887771
天津千鹤文化传播有限公司印刷　各地新华书店经销
2024 年 9 月第 1 版第 1 次印刷
开本：710×1000　1/16　印张：12.5
字数：176 千字　定价：98.00 元

凡购本书，如有缺页、倒页、脱页，由本社图书营销中心调换

前言

随着社会的发展和人们对企业行为的关注逐渐增加,企业社会责任成为商界和学术界的热门话题。企业社会责任的研究和实践涉及多个领域,包括环境保护、社会公益、员工福利、消费者权益等方面。在环境保护方面,企业可以通过减少排放、节约资源、支持环保项目等方式来履行社会责任;在社会公益方面,企业可以通过捐赠资金、参与志愿活动、支持教育和医疗事业等方式来回馈社会;在员工福利方面,企业可以提供良好的工作环境、健康保障、培训机会等,保障员工的权益和福利;在消费者权益方面,企业可以提供安全、优质的产品和服务,履行产品质量保证和售后服务的责任。

企业社会责任法治化旨在通过立法、政策制定和监管机制等手段,强化企业履行社会责任的义务和责任,促进企业更加积极地参与社会和环境事务,推动企业行为向更加符合社会公共利益的方向发展。这不仅可以提高企业社会责任的落实效果,也可以促进企业与社会、环境之间的和谐共处,实现经济、社会和环境的可持续发展。

本书深入剖析企业社会责任的相关理论和实践路径,为读者提供全面而深刻的研究视角和实用指导,强调企业在追求经济效益的同时,应承担起对员工、消费者、环境和社会的责任。同时,法治化是企业社会责任得以有效实施的重要保障。

本书为推动企业社会责任的有效实施和法治建设提供理论支持和实践指导,对于企业、政府、学术界和公众了解和参与企业社会责任及其法治化进程具有重要的参考价值。通过深入研究和实践探索,期望能够为构建企业与社会和谐共生的关系,促进经济社会的可持续发展作出贡献。

笔者在写作过程中,得到了许多专家、学者的帮助和指导,在此表示诚挚的谢意。由于笔者水平有限,加之时间仓促,书中所涉及的内容难免有疏漏之处,衷心希望各位读者能够提供宝贵的意见和建议,使之更加准确、全面、深入。读者的意见将是作者修改和改进的重要参考,也是提高本文质量的关键所在。

目 录

第一章 企业社会责任概论 ... 1
- 第一节 企业与社会的关系 ... 1
- 第二节 企业社会责任的概念与性质界定 ... 9
- 第三节 企业社会责任的理论演进 ... 13
- 第四节 企业承担社会责任的必要性和可行性 ... 23

第二章 企业对利益相关者的社会责任 ... 29
- 第一节 企业对员工的社会责任分析 ... 29
- 第二节 企业对消费者的社会责任分析 ... 37
- 第三节 企业对环境的社会责任分析 ... 59
- 第四节 企业对其他利益相关方的社会责任分析 ... 64

第三章 企业社会责任与企业管理 ... 83
- 第一节 企业社会责任与企业财务管理 ... 83
- 第二节 企业社会责任与人力资源管理 ... 102
- 第三节 企业社会责任与战略管理 ... 113

第四章 企业社会责任管理及报告的审验 ... 131
- 第一节 企业社会责任的管理体系 ... 131
- 第二节 企业社会责任管理的绩效评价 ... 139
- 第三节 企业社会责任报告及审验 ... 155

第五章 企业社会责任法治化的逻辑原理 ... 167
- 第一节 企业社会责任的法治化内涵 ... 167
- 第二节 企业社会责任与法治化的辩证关系 ... 169

第三节 企业社会责任的立法实践及问题梳理 …………………… 171

第六章 企业社会责任法治化的完善路径 …………………… 177

第一节 加大法律法规的执行力度 …………………………… 177

第二节 完善与企业组织法律相关的法律制度 …………… 181

第三节 构建多元化的监管与评估体系 …………………… 184

第四节 培养企业的社会责任意识与提升自律能力 ……… 186

结束语 …………………………………………………………… 190

参考文献 ………………………………………………………… 191

第一章　企业社会责任概论

在全球化和市场经济高速发展的背景下，企业已成为主要的社会经济参与者。其行为对经济增长、效率以及社会稳定和可持续发展产生深远影响。因此，企业社会责任概念应运而生，旨在平衡经济利益与社会福祉、环境保护之间的关系。本章从企业与社会关系出发，界定企业社会责任的概念和性质，同时回顾了企业社会责任理论的演进历程。在这一框架下，探讨企业承担社会责任的必要性和可行性，强调了企业在实现商业利润的同时，应积极履行社会责任，以促进社会的整体利益。

第一节　企业与社会的关系

一、企业与社会关系的内涵

企业与社会之间的关系一直备受关注。企业作为社会经济组织的一部分，不仅是经济利益的追求者，更是承担着社会责任的机构。随着社会的发展变迁，企业与社会之间的互动关系也在不断演变。

企业是以盈利为导向的组织，包括各种所有制形式，从个人所有的小型经济组织到规模庞大的股份公司。而社会则是由相互联系的人们组成的集合体，是在生产、分配和交换过程中相互作用的产物。马克思曾指出，生产关系构成了社会关系的基础。因此，企业作为社会经济组织的一部分，其与社会之间的关系常表现为与政府、不同部门的关系。近年来，随着社会的多元化发展，权力逐渐分散于不同的利益集团之间，形成了各种特殊利益集团。这种多元化的社会结构使企业与社会之间的互动更加复杂。

企业不仅是追求经济利益的机构，更承担着服务国家和社会的责任。正如张玉红所言，企业具有"经济人"和"社会人"的双重属性。企业通过创造价值、提供就业机会、支持公益事业等方式，为社会发展作出了积极贡献。与此同时，企业也需要借助国家和社会的支持才能够持续发展。因此，企业与国家、社会之间存在着密切的相互依存关系。企业的生存与发展与国家、社会的整体利益息息相关，只有积极承担社会责任，企业才能够获得更广泛的支持和认可。

企业的社会责任不仅包括经济责任，更包括环境保护、公益事业支持等方面。只有通过履行社会责任，企业才能够赢得社会的信任和尊重。企业与社会的关系是一种相互促进、共同发展的关系，企业只有积极承担社会责任，才能够实现自身的可持续发展。

二、企业与社会关系的内容

（一）企业是社会存在与发展的基础

1. 企业的经营行为对社会产生影响

企业的经营行为将对社会产生外部性影响，其体现在两个方面：

(1) 正的外部性，即边际社会收益（MSB）大于边际私人收益（MPB）。主要体现在多个方面：首先是就业机会的提供。企业是社会经济活动的主要创造者，其通过提供就业机会，让更多的人获得经济来源，提高了整个社会的生活水平。其次是税收的贡献。企业作为税收的主要来源之一，为政府提供了丰厚的财政支持，支持了社会基础设施建设、教育医疗事业等公共服务的提供。此外，企业通过生产商品和提供服务满足了社会的需求，促进了市场的繁荣与发展。这些正面的外部性不仅带来了经济效益，更促进了社会的稳定与进步。

(2) 负的外部性，即企业的边际私人成本（MPC）小于边际社会成本（MSC）。企业的经营行为可能会对社会产生一系列的负面影响，其中最突出的是环境污染。随着工业化进程的加速，企业对环境的破坏与耗竭日益严重，大气污染、水体污染、土壤污染等问题日益凸显，给生态环境带来了沉重的负担。此外，企业可能存在着危险的工作条件、生产伪劣产品、歧视性商业行为等问题，这些行为不仅损害了消费者的权益，也破坏了社会的公平与正义。特别是在一些行业中，为了追求利润最大化，企业可能会忽视劳工

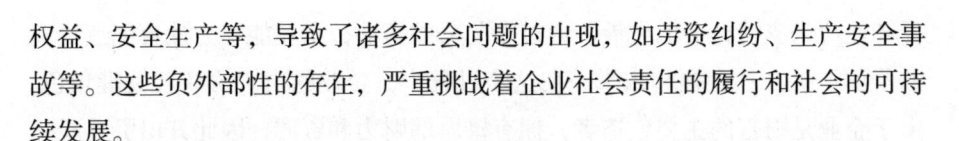

权益、安全生产等，导致了诸多社会问题的出现，如劳资纠纷、生产安全事故等。这些负外部性的存在，严重挑战着企业社会责任的履行和社会的可持续发展。

因此，对于企业而言，要认识到其经营行为对社会产生的巨大影响，不仅要最大化正的外部性，还要最小化负的外部性。在追求经济利益的同时，还要兼顾社会责任，注重企业的社会责任履行。企业应当加强环保意识，推动绿色生产，降低资源消耗和排放，实现经济效益与环境友好的双赢。同时，企业要重视劳工权益，建立公平合理的劳动关系，保障员工的合法权益，营造和谐稳定的劳动关系，实现企业和员工的共同发展。此外，企业还应当加强对产品质量的管理，提高产品质量，杜绝伪劣产品的生产和销售，保障消费者的合法权益，促进市场秩序的健康发展。

2. 企业为社会创造财富

企业作为经济活动的主体，承载着创造社会财富的重任。其发展状况直接关系到一个国家的经济实力和社会发展水平。因此，要实现经济的持续快速发展，就必须重视企业的发展，促进企业数量、规模和实力的提升。

在市场经济体系中，企业通过生产、销售商品和提供服务，创造了丰富的物质财富。企业的经营活动直接促进了资源的合理配置和劳动力的就业，推动了社会生产力的提高，从而为社会财富的增长提供了坚实基础。另外，企业的数量、规模和实力决定了一个国家财富创造能力的高低。更多数量、更大规模、更具竞争力的企业意味着更多生产力和创造力的释放，能够带动整个经济体系的快速增长。通过提升企业的数量和规模，可以扩大经济规模，增加就业机会，促进资源的有效利用，实现经济的规模效益和范围效益，从而推动国民经济持续健康发展。

3. 企业为社会提供公益事业

在政府财政有限、关注范围有限的情况下，公益事业的发展需要额外的资金来源。虽然个人捐赠在其中发挥作用，但企业作为财富的主要创造者，更是公益事业的主要出资者。

企业参与公益事业的意义在于为社会提供那些政府无法覆盖或无力覆盖的服务。政府的财政资金有限，无法包揽所有公共事业，因此需要其他机构来承担这些责任。企业作为社会经济组织，不仅有着强大的财力，更有责任和使命来支持社会的发展。通过参与公益事业，企业能够为社会创造更多的价值，提升社会福利水平。在这个过程中，企业的出资扮演着关键角色。由于企业是财富的主要创造者，拥有雄厚的财力和资源，因此其出资对于公益事业的发展至关重要。企业可以通过捐赠资金、设立基金会、开展慈善活动等方式来支持公益事业的发展，从而推动社会的进步与发展。

企业参与公益事业不仅是出资，更包括积极地参与和承担社会责任。企业可以通过自身的技术、人才和管理经验，为公益事业提供专业支持和帮助，从而提升公益事业的效率和质量。同时，企业还应当履行社会责任，关注员工福利、环境保护、公平竞争等方面的问题，为社会的可持续发展作出贡献。

4. 企业为社会创造就业机会

就业作为宏观经济政策的关键目标之一，直接关系到国家经济的稳定和社会的和谐。特别是在像我国这样人口众多的大国，充分就业的任务尤为艰巨，但也是至关重要的。

（1）就业问题的解决需要大力发展企业。企业是社会就业的主要渠道，是创造就业机会的重要力量。企业的发展，可以为社会提供更多的就业岗位，满足人民群众的就业需求。企业的规模越大，就业机会就越多，能够吸纳更多的劳动力参与生产和劳动，从而有效缓解就业压力，促进就业形势的稳定。

（2）发展企业不仅能够增加就业机会，还能够提升就业质量。企业发展壮大后，可以提供更多高薪、高技能的岗位，为人们提供更多的职业发展机会和提升空间，提高就业人员的素质和收入水平，实现全面发展。同时，企业的发展也能够带动相关产业的发展，形成产业链和价值链，进一步扩大就业范围，提升就业质量。

5. 企业为社会提供投资机会

社会中的居民往往拥有一定的资金积累，这些资金如果未能得到有效利用，将导致资源的浪费。因此，有投资意识的人们希望将这些闲置资金进行再投资，以获取更多的回报和效益。这种投资可以分为直接投资和间接投资两种方式。不论是直接投资，如投资于企业的股份，还是间接投资，如将资金存入银行再由银行贷款给需要资金的部门，最终资金都会流入企业的投资项目中。正是企业提供了各种各样的投资机会，让居民有机会将闲置资金转化为活力资金，并获取丰厚的回报。

企业作为经济活动的主体，承担着重要的投资功能。它们通过发行股票、债券等方式吸纳社会资金，用于扩大生产、创新科技、开拓市场等投资活动。居民通过投资于企业，不仅可以获得稳定的投资回报，还可以享受企业发展带来的利润增长。这种投资机会的提供不仅促进了企业的发展壮大，也为社会资金的流动和利用提供了有力支持，推动了社会经济的持续健康发展。同时，企业的投资活动也为社会创造了更多的就业机会和发展机会。通过投资于企业，居民不仅可以获得经济回报，还可以促进企业的生产与经营，进而带动相关产业链的发展，为社会创造更多的就业机会，提升居民的生活水平和社会整体的经济繁荣。

(二) 社会是企业存在和发展的基础

企业和社会是一种相互依存的关系，不仅企业是社会存在和发展的基础，而且社会也是企业存在和发展的基础。

1. 社会为企业提供生产要素

社会为企业提供各种生产要素，这一观点在企业经营过程中具有重要意义。企业作为生产经营单位，其发展和运作离不开各种生产要素的支持和供给。因此，社会为企业提供了人力资源、资金和技术等生产要素，为企业的发展提供了坚实支撑。

(1) 人力资源是企业发展不可或缺的重要因素。企业需要各种各样的人才来参与生产、管理、营销等各个环节。社会为企业提供了丰富的人力资源，包括技术工人、管理人员、营销专家等各个领域的人才，为企业提供了强大的人才支持，推动了企业的发展和壮大。

(2) 资金是企业发展的重要保障。企业的生产经营活动需要资金来支付原材料、设备、工资等各项费用。社会通过金融机构、投资者等渠道向企业提供了丰富的资金支持，为企业的生产经营提供了资金保障，促进了企业的持续发展。

(3) 技术是企业创新发展的关键驱动力。随着科技的进步和发展，各种先进的生产技术和管理技术不断涌现，为企业提供了更高效、更节能、更环保的生产方法和管理手段。社会通过各种途径向企业提供了先进的技术支持，帮助企业提升竞争力，实现科技创新，推动企业的持续发展。

2. 社会为企业提供制度框架

我国曾经建立了中央集权的计划经济制度，但随着时代的发展和经济形势的变化，我们逐渐意识到这种制度的不足之处。因此，社会开始在某些领域松动这种制度框架，逐步允许和鼓励个体经济的发展，私营企业也因此得以出现。

私营企业的兴起改变了原本国有经济一统天下的格局。相比于国有企业，私营企业具有更为灵活的经营方式和更高的生产效率。私营企业拥有完全的自主权，能够更加灵活地适应市场的变化，更快地作出决策和调整，从而在市场竞争中占据有利地位。这种私营企业的出现为整个经济体系带来了新的活力和竞争力，推动了经济的发展和进步。

社会提供的制度框架不仅为企业的发展创造了有利条件，也为企业的规范和运行提供了保障。随着市场经济的不断深化和完善，我国的法律法规体系也在不断健全，为企业的合法经营提供了保障。在这样的制度框架下，企业可以依法合规地经营，保障企业和社会的共同利益。同时，制度框架也规范了企业之间的竞争行为，维护了市场秩序，促进了健康的市场竞争。

社会为企业提供的制度框架也需要不断完善和更新。随着经济形势的变化和社会发展的需求，制度框架也需要不断适应新的情况和挑战，保持与时俱进。只有这样，才能更好地促进企业的发展，推动经济的持续健康发展。

3. 社会为企业提供市场基础

在当今的市场经济体系下，企业的成长与进步离不开社会各方面的支持与促进。企业的生产活动虽然可以在一定程度上摆脱自然条件的束缚，实现跨地域的生产布局，甚至能够超越季节性的变化，不断地创造出丰富多样的商品，但这一切都建立在一个基础之上——企业的产品必须得到市场的接纳和认可。换言之，企业的生产成果需要通过市场的检验，只有消费者愿意购买其产品，企业才能够实现盈利，进而完成资本的积累与再投入。

社会为企业提供的市场基础，不仅是一个简单的交易场所，它还包含了消费者的需求、市场的规模、消费习惯、法律法规等多方面的因素。这些因素共同构成了企业产品销售的外部环境，对企业的生产决策、产品设计、市场定位等都有着深远的影响。

（1）消费者的需求是企业生产活动的出发点和归宿。企业必须深入了解目标市场的消费需求，以此为依据来调整生产计划和产品设计，确保生产出的产品能够满足市场的需求，从而获得消费者的青睐。

（2）市场的规模决定了企业的生产规模和发展潜力。一个广阔的市场空间为企业提供了巨大的发展机遇，企业可以通过扩大生产规模、提高生产效率来满足市场的大量需求，从而实现规模经济，降低成本，增强竞争力。

（3）消费习惯和文化差异也对企业的产品销售有着不可忽视的影响。企业在进入一个新的市场时，需要对当地的消费习惯和文化特点进行深入研究，以便更好地适应市场，推出符合当地消费者口味和需求的产品。

（4）法律法规为企业提供了一个公平竞争的市场环境。合理的法律法规能够保护企业的合法权益，防止不正当竞争，维护市场秩序，为企业提供一个健康、有序的市场环境。

4. 社会环境对企业经营行为产生影响

企业作为社会经济活动的主体，其经营行为受到社会和生态环境的多方面影响。社会政治制度、政府法规、社会公众的态度、科学技术发展以及国家之间的竞争等因素，都会对企业的经营活动产生直接或间接的影响。

（1）政府决策。政府通过制定各种法律法规来规范企业的经营行为，以保障市场秩序和公平竞争。政府的税收政策、财政政策等也会直接影响到企业的成本和利润。同时，政府的优惠政策或行业准入等措施也会影响企业的发展方向和节奏。

（2）技术进步。随着科技的不断进步，新技术的应用可以提高企业的生产效率、产品质量和管理水平，从而影响企业的市场竞争力和盈利能力。但是，获取和应用新技术也需要企业投入一定的成本，这对企业经营行为提出了挑战和考验。

（3）自然生态环境。企业的生产和发展都依赖于自然资源和环境，自然环境的变化会直接影响到企业的生产成本和生产效率。因此，企业需要在保护环境、节约资源方面作出努力，以应对日益严峻的环境挑战。

三、企业与社会关系的模式

企业社会责任是指企业在追求自身利益发展的同时应承担的义务。企业与社会关系一般有两种基本模式：传统的规范经济模式和社会责任模式。

(一) 规范经济模式

传统的规范经济模式基于理性决策和利润最大化。在这种模式下，企业的决策被假定为是理性的，其主要目标是以最低成本生产产品，并以最高价格销售给市场，从而实现利润最大化。因此，企业管理者的职责是以最有效的方式组合生产资源，以最大限度地提高利润。该模式将企业视为股东的私人财产，管理者仅对股东负责，而不需要承担社会责任。这一观点认为企业是为了股东的利益而存在的，其他社会利益不应成为企业的首要考虑因素。传统经济模式以亚当·斯密和弗里德曼的观点作为理论基础。斯密和弗里德曼认为，通过追求利润最大化，企业可以为社会作出最大的贡献。此外，该模式认为企业管理者没有权力将企业的资金用于社会行为，因为这可能会损害股东和其他利益相关者的利益。该模式指出，企业如果过分热衷于参与社会目标，可能会冲淡其追求利润最大化的主要目标，导致成本增加，并在市场上处于不利地位。

(二) 社会责任模式

社会责任模式与规范经济模式呈现对立关系，前者主张企业不仅是营利机构，更应当承担起对各利益相关者的社会责任。在社会责任模式下，企业的经营不再仅仅是为了追求股东利益，还应该满足社会大众的需求，使整个社会能够得到满足。这种理念要求企业不再局限于生产产品和提供劳务，还要以谨慎、稳妥、负责任的态度进行经营。

社会责任模式认为，企业承担社会责任不仅是一种道德行为，更是长期的自利行为。通过积极履行社会责任，企业能够提升自身的商誉，吸引优秀的员工，创造良好的企业环境，从而实现自身的可持续发展。企业拥有解决社会问题的资源和能力，无论这些问题是否由企业自身造成，都应该积极地履行社会责任，这不仅是对社会的回馈，也是对自身的负责。在面对社会自发性问题时，企业应当积极主动地动员自身力量，与社会各界协作，共同解决问题。企业作为社会的一部分，应该承担起相应的责任，这不仅是为了维护自身利益，更是为了促进整个社会的和谐与稳定。

从历史发展的角度来看，传统的规范经济模式在工业化时代有其合理性，但在现代社会，这种模式已经难以满足社会对企业的期待。随着社会的发展和人们价值观的变化，社会责任模式逐渐成为企业经营的主流理念。从企业经营目标和社会责任的角度分析，规范经济模式强调的是股东利益的最大化，而社会责任模式则强调企业应该追求经济效益和社会效益的统一。从企业与社会互动的角度来看，规范经济模式中企业与社会的关系是单向的，企业只关注自身的利益，而社会责任模式中企业与社会的关系是双向的，企业在追求自身利益的同时，也关注并积极参与社会问题的解决。

在全球化和信息化的背景下，现代企业面临着前所未有的挑战。社会责任模式为现代企业提供了一种新的经营思路，但如何在实践中有效地承担社会责任，仍然是一个需要解决的问题。企业需要在追求经济效益的同时，积极探索与社会关系的新模式，以实现长期的可持续发展。

总的来说，传统的规范经济模式和社会责任模式各有其特点和适用的历史背景。但在当前的经济环境下，企业应该树立全球责任观念，自觉将社会责任纳入经营战略，遵守所在国法律和国际通行的商业习惯，完善经营模式，追求经济效益和社会效益的统一。只有这样，企业才能在激烈的市场竞争中立于不败之地，同时也能为社会的和谐与进步作出积极的贡献。

第二节　企业社会责任的概念与性质界定

一、企业社会责任的概念

企业社会责任（Corporate Social Responsibility，简称 CSR）是指企业在经营过程中自觉履行社会责任，尊重利益相关方的权利，关注社会和环境影响的一种商业行为理念和实践。"企业社会责任是从企业主体性出发，在保持好组织绩效的基础上，对员工和在地社区负责，并传递、展示和倡导积极的社会公共价值。"❶ 它强调企业不仅要追求经济利润，还要承担起对员工、消费者、社会以及环境的责任，以促进社会的和谐发展和可持续性。

CSR 不仅是企业对法律法规的遵守，更是企业自觉地承担起超越法律规定的社会责任。在实践中，CSR 包括几个核心要素：经济责任、法律责任、道德责任和慈善责任。其中，经济责任是企业最基本的责任，即创造经济价值和为股东创造利润；法律责任则是企业依法经营，遵守法律法规，不违反国家法律；道德责任强调企业要积极践行社会道德价值观，尊重人权、公平正义、诚信守法；而慈善责任则是企业主动承担一定的公益事业，回馈社会，促进社会进步。

此外，CSR 与其他相关概念如企业伦理、可持续发展等之间存在紧密的关系。企业伦理是指企业在经营过程中遵循的道德规范和价值观，它强调企业应当在商业活动中遵循公平、诚信、责任和可持续发展的原则。与之相比，CSR 更加强调企业的社会责任，包括对利益相关方的关怀和环境保护等方面。可持续发展则是指企业在经济、社会和环境三个方面实现平衡发展，既要追求经济效益，又要注重社会公益和环境保护。CSR 作为可持续发展的一部分，强调企业在经营过程中应当平衡经济效益、社会责任和环境保护之间的关系，实现经济、社会和环境的三方共赢。

二、企业社会责任的性质

（一）社会责任的双重性

社会责任的双重性是一个复杂而深远的概念，它要求企业在追求经济效益的同时，也要兼顾社会责任。这种双重性不仅体现了企业对内部利益的追求，更强调了企业对社会整体利益的贡献。在当今社会，企业社会责任已经成为衡量一个企业是否成功的重要标准之一。

企业对自身利益的追求是其基本的经营目标。企业需要通过提供商品或服务来获取利润，以保证企业的持续运营和发展。这种追求不仅是为了企业所有者的个人利益，也是为了确保企业能够持续地为员工提供就业机会，

---

❶ 马卫红，苏寻. 企业社会责任的"责任"究竟是什么[J]. 广西师范大学学报（哲学社会科学版），2024，60(1)：104.

为消费者提供优质的产品和服务，为社会创造经济价值。然而，企业的社会责任不局限于追求自身利益。在现代社会，人们越来越关注企业的道德行为和对社会的贡献。企业在经营活动中应当考虑到员工的福利和职业发展，为员工提供良好的工作环境和公平的薪酬待遇。同时，企业还应当关注消费者的需求和权益，确保提供的产品或服务是安全、健康、环保的。

此外，企业还应当承担起对社会的责任，通过各种方式回馈社会。可以通过慈善捐赠、支持社区发展项目、提供教育培训等方式来实现，还可以通过研发创新技术，推动社会进步和可持续发展。

在环境保护方面，企业也承担着重要的责任。随着全球环境问题的日益严重，企业需要采取有效的措施减少对环境的影响。这包括采用环保的生产方式、减少废物排放、节约资源等。通过这些措施，企业不仅能够减少对环境的负面影响，还能够提高资源利用效率，实现经济与环境的双赢。

(二) 社会责任的伦理性

企业社会责任的伦理性涉及企业在其经营活动中应当如何平衡经济利益与道德价值的问题。在现代社会，企业不仅是经济活动的主体，更是社会结构的重要组成部分。因此，企业的行为和决策不仅影响着其自身的利益相关者，如股东、员工和消费者，也对社会的伦理环境和公共利益产生深远的影响。

(1) 企业社会责任的伦理性要求企业尊重人权，这意味着企业在其经营活动中应当保障员工的基本权利，如合理的工作时间、安全的工作环境和公平的薪酬待遇。此外，企业还应当尊重消费者的权利，确保提供的产品或服务不会对他们的健康和安全造成威胁。在全球化的背景下，企业还应当关注其供应链中的劳工权益，避免出现剥削和不公平的劳动条件。

(2) 企业应当在其商业行为中体现公平原则，无论是在与供应商的交易中，还是在与消费者的互动中。公平正义还要求企业在面对竞争时，遵守市场规则，不采取不正当竞争的手段。同时，企业还应当承担起对社会公正的贡献，比如通过支持教育、扶贫和环境保护等公益活动，促进社会的均衡发展。

(3) 企业应当在其经营活动中坚持诚实守信的原则，不进行虚假宣传和欺诈行为。同时，企业还应当遵守国家的法律法规，依法纳税，不参与任何违法活动。诚信守法不仅能够为企业赢得良好的社会声誉，还能够为企业带来长远的经济利益。

（4）企业社会责任的伦理性要求企业注重社会的道德价值和长远利益。在追求经济效益的同时，企业应当考虑其行为对环境、社会和未来世代的影响。这要求企业在决策时采取可持续的发展策略，关注资源的合理利用和环境的保护。通过这种方式，企业不仅能够为当前的社会作出贡献，还能够为后代留下一个更加美好的世界。

（三）社会责任的动态性

社会责任的动态性强调了企业在面对社会变迁和进步时，需要不断调整和更新其承担社会责任的方式和内容。这种动态性体现了企业社会责任不是静态的义务，而是一个活跃的、与社会发展同步进化的过程。具体表现在以下方面：

（1）社会责任的动态性意味着企业需要密切关注社会的变化。社会是由多元利益相关者组成的复杂系统，包括政府、消费者、社区、环境等各个方面。随着社会价值观的演变、科技进步、环境问题的加剧以及全球化的深入发展，企业面临的社会责任要求也在不断变化。企业必须通过有效的沟通和参与，了解社会的需求和期望，以便及时调整自己的行为和策略。

（2）企业应当积极响应社会的需求，承担更多的社会责任。这不仅是对外部压力的回应，更是企业自我发展的需要。通过主动承担社会责任，企业可以提升自身的品牌形象，增强公众的信任，从而在市场中获得竞争优势。同时，这也有助于企业建立起良好的社会关系网络，为企业的长期发展奠定坚实的基础。

（3）企业在承担社会责任时，应当注重可持续发展。企业应当采取环保的生产方式，减少资源消耗和污染排放。在人力资源管理上，应当注重员工的福利和发展，提供公平的工作机会；在产品开发上，应当注重创新，满足消费者对健康、安全和环保的需求。

（4）企业应当建立起一套有效的社会责任管理体系，以确保社会责任的实践能够持续进行。这包括制定明确的社会责任政策，设立专门的社会责任部门，定期进行社会责任绩效评估，以及建立透明的信息披露机制。通过这些措施，企业可以确保其社会责任实践与社会的发展保持同步，及时调整和完善其社会责任策略。

第三节　企业社会责任的理论演进

一、企业伦理理论

企业伦理的研究最初集中在探讨伦理与利润的关系，以及企业在道德地位方面的责任等问题。然而，随着研究的不断深入，企业伦理的范畴逐渐扩展到与环境、社会等方面相关的议题，涵盖了更广泛的经济制度和政策伦理问题。在新的社会价值观影响下，企业伦理已经成为企业经营管理中一个不可忽视的重要议题，对企业的生存发展、社会经济健康和精神文明建设具有重大的理论和实践意义。

（一）企业伦理的内涵

企业伦理，作为管理学与伦理学交叉领域的重要研究课题，其内涵丰富、意义深远。企业伦理的核心在于引导企业在追求经济效益的同时，兼顾社会责任和道德规范，实现企业的可持续发展。

《韦氏大学辞典》对伦理的定义强调了道德标准和专业行为准则的重要性。伦理不仅是个人行为的指导，更是企业行为的规范。企业伦理要求企业在其经营活动中，不仅要遵循法律法规，还要符合道德伦理的要求，体现对社会、对环境、对利益相关者的责任感。

企业伦理，作为企业行为的道德规范和行为准则，是现代企业管理的重要组成部分。它不仅关系到企业的内部管理和外部形象，更关系到企业的社会责任感和可持续发展。企业伦理的内涵丰富，涉及多个方面，具体如下：

（1）公平竞争。在市场经济中，企业之间的竞争是常态，但竞争必须建立在公平的基础上。公平竞争意味着企业在市场中应遵守法律法规，不采取不正当手段排挤竞争对手，如价格操纵、虚假宣传、侵犯知识产权等。同时,公平竞争也要求企业尊重市场规则,通过提高产品质量、创新服务、优化管理等方式,在竞争中寻求发展。

(2) 诚信经营。诚信是企业赢得客户信任、建立长期合作关系的基础。企业应保证其商业行为的真实性和透明度,不隐瞒重要信息,不误导消费者。在广告宣传中,企业应避免夸大其词或提供虚假信息。在合同履行过程中,企业应遵守承诺,按期交付产品和服务。此外,企业还应在财务报告、市场分析等方面保持诚信,确保信息的真实性和准确性。

(3) 尊重员工。员工是企业的宝贵资源,企业应尊重员工的人格和权益,提供公平的工作环境和合理的薪酬福利。企业应建立有效的沟通机制,倾听员工的意见和建议,关注员工的职业发展和心理健康。同时,企业还应采取措施预防职场霸凌,确保员工的工作环境安全和尊严。

(4) 保护消费者权益。消费者是企业生存和发展的基础,企业应重视消费者的权益保护。这包括确保产品安全、提供准确的产品信息、维护消费者的选择权和公平交易的权利。企业应建立有效的售后服务体系,及时响应消费者的投诉和建议,不断改进产品和服务,提高消费者满意度。

(5) 关注社会公益。企业不仅是经济活动的参与者,也是社会的一部分。企业应关注社会问题,积极参与社会公益活动,如扶贫、教育、环保等。通过这些活动,企业可以回馈社会,提升自身的社会形象,同时也有助于构建和谐的社会环境。

(二) 企业伦理的主要内容

1. 微观层面的内容

企业伦理的微观层面聚焦于企业内部个体之间的伦理关系,包括管理者、股东、员工、消费者等利益相关者。企业的经营活动涉及集体决策和个体行为两部分。个体行为涉及管理人员、技术人员、营销人员、财务人员等。如何根据适当的道德规范来规范这些个体行为是企业伦理微观层面需要回答的主要问题。规范个体行为并维护利益相关者的个体权益体现了企业以人为本的管理理念和承担社会责任的基本要求。

企业伦理微观层面的研究重点在于探讨企业中个体之间的伦理关系问题。这些个体在企业中扮演着不同的角色,对企业的经营管理和生存发展起着不同程度的作用。因此，针对每个利益相关者的行为，都需要根据其所处的角色和地位来制定相应的道德规范和行为准则。企业管理者、股东、员工、消费者等，都应当按照既定的伦理标准来行事，以确保其行为符合企业的价值观和道德要求。

（1）企业管理者。对于企业管理者而言，他们承担着领导和决策的责任，其行为对企业的发展和员工的福祉至关重要。因此，管理者需要以诚信、公正和负责任的态度来管理企业，制定合理的经营策略和决策，以维护企业的长期利益和社会责任。

（2）股东。作为企业的所有者，股东也需要以长远的利益为导向，积极参与企业治理，确保企业的经营活动合法、合规，并符合道德伦理标准。

（3）员工。员工作为企业的劳动力，其行为和工作态度直接影响到企业的运营效率和产品质量。因此，员工需要遵守企业的规章制度，保持诚实、守信，积极履行岗位职责，为企业的发展贡献力量。与此同时，企业也应该为员工提供良好的工作环境和福利待遇，关爱员工的身心健康，促进员工的全面发展。

（4）消费者。消费者作为企业的最终受益者，其权益和利益直接受到企业产品或服务的影响。因此，企业需要确保产品质量和服务质量，遵守产品安全和消费者权益保护的法律法规，提供优质的产品和服务。企业应该倾听消费者的意见和建议，不断改进产品和服务，满足消费者的需求和期待。

2. 中观层面的内容

企业伦理在中观层面展现出多个关键点，其中之一是各经济性组织之间错综复杂的关系。这些组织在社会经济体系中扮演着重要角色，彼此之间的关系涉及资源共享、竞争、合作等多个方面。企业伦理不仅受到法规和制度的约束，还直接影响并约束着组织的运营活动。这种影响和约束不仅体现在内部管理和决策层面，还反映在与利益相关者的互动中。

与各种利益相关者的关系处理是企业面临的重要挑战之一，而企业伦理在这方面发挥着关键作用。企业需要在处理这些关系时考虑到道德规范和社会期待，以确保行为合乎伦理。此外，经济性组织拥有一定的自治性，其行为往往不仅代表个人，还具有组织的特点，这使其行为具有超越个人行为的特征。另外，不同类型的经济性组织在社会中扮演着不同的角色，这导致了它们的观念和处理方式的差异。因此，研究重点之一是探讨各种经济性组织之间的关系，以及它们在处理与贸易伙伴、竞争对手等问题时所遵循的伦理准则和原则。

在现代经济社会中，各种经济性组织之间的关系错综复杂。它们之间存在着竞争与合作、利益冲突与利益共享等多种关系，而这些关系的处理往往需要考虑到伦理道德的因素。企业在与其他组织打交道时，需要遵循公平竞争的原则，不得采取不正当手段牟取私利。同时，也需要考虑到合作共赢的机会，促进各方的共同发展。在处理与贸易伙伴和竞争对手的关系时，企业应该坚持诚信守约，遵守契约精神，确保交易的公平公正。此外，企业还应当尊重其他组织的利益和权利，避免对竞争对手采取不正当手段或不公平的竞争行为，以维护整个市场的公平竞争秩序。

3. 宏观层面的内容

企业与社会及相关制度的紧密关系是企业经营活动的核心。制度为企业提供了法律、政策等基本依据和保障，同时对企业行为产生了影响和约束。这些制度不仅规范了企业的经营行为，还塑造了企业的社会责任观。除此之外，企业的经营活动受到多方面因素的影响，包括社会、文化、技术、环境和政治等。社会和文化因素影响着企业的市场需求和消费者行为，技术和环境因素则直接影响着企业的生产方式和资源利用，政治因素则在很大程度上决定了企业的政策环境和市场准入。

(1) 企业的存在和发展对人类生活质量至关重要，这一点是不言而喻的。企业与利益相关者的紧密关系直接影响着人类的生活水平和质量。企业的经营状况决定了就业机会的数量和质量，直接影响着人们的收入和生活水平。此外，企业的产品和服务质量也直接关系到人们的生活品质，良好的企业经营不仅能够提供更优质的产品和服务，还能够推动技术创新，改善人们的生活。

(2) 现代社会的发展离不开科学技术的进步，而科学技术的应用和发展往往需要通过企业的生产经营来实现，只有通过企业的活动，科学技术才能转化为社会生产力，从而影响到整个社会的发展。

(3) 企业作为人们主要的工作场所，其经营状况直接关系到就业形势和社会稳定。如果企业经营不善，失业率就会上升，直接影响到人们的生计和生活质量。

(4) 企业需要积极参与保护与改善地区自然环境。首先，企业在地区自然环境中的活动往往直接影响当地的生态系统和资源利用。例如，工业生产排放的废气、废水对空气和水质造成污染，长期积累可能导致生态平衡被破坏，影响人们的生活质量和健康状况。其次，企业所在地的自然环境状况也反过来影响着企业的生产和经营。自然灾害、资源枯竭等问题都可能对企业的正常运营带来严重影响，因此，保护和改善地区自然环境不仅是企业社会责任的体现，也是为了自身长远的可持续发展着想。

企业伦理规范与其他制度相互依存，约束企业经营活动，涉及企业与社会、政府及其他经济主体的关系，制定合适的规范可促进经济社会的可持续发展。首先，企业伦理规范是企业在经营活动中应遵循的道德准则和社会责任。这些规范约束着企业的行为，使其在追求经济利益的同时也考虑到社会的利益，维护各方的权益和利益平衡。其次，企业伦理规范与其他制度如法律法规、行业规范等相互依存，形成了企业经营的内外约束机制。良好的企业伦理规范可以有效地规范企业行为，提升企业的社会形象和信誉，从而赢得政府、消费者、投资者等各方的信任和支持。最终，通过制定合适的规范，可以引导企业实现经济效益与社会效益的双赢，促进经济社会的可持续发展。

(三) 企业伦理与企业社会责任

1. 企业伦理与企业社会责任的目标一致

企业伦理的出发点在于排除企业经营中反人性、反社会的行为，致力于推动社会的进步和人的全面发展。与此同时，企业社会责任观也强调了企业与社会的关系，将经济目标与社会目标相统一，而不是单纯将企业的经济效益视为企业的唯一追求。因此，可以说企业伦理和企业社会责任的目标是一致的。

2. 企业伦理的人性化特征强化企业以人为本的社会责任

相较于简单的社会责任观，企业伦理更深入地涉及人的内在需求和价值观，将公正与正义作为企业经营的基石。在企业伦理的指引下，企业不仅注重对外部环境的影响，更注重对内部利益相关者的尊重与关怀。这种人性化的观念，使企业不仅在实现经济利益的同时承担着社会责任，更将人的尊严和价值观纳入了企业经营的核心。

企业伦理的人性化特征反映在对个体的关怀上。企业伦理不仅是为了企业自身的利益，更是为了利益相关者的全面发展和尊严。在企业伦理的指导下，企业会更加关注员工的福祉和发展，尊重他们的个人思想和人生观。这种尊重个体的态度，使企业在实践社会责任的同时，也传递着对人的尊重和关爱。另外，企业伦理的人性化特征也体现在对人性的尊重上。企业伦理不仅强调企业对外部环境的影响，更注重企业内部的人性关怀。在企业伦理的指引下，企业会更加尊重个体的人权和人性，避免利用他人以谋取自身的利益。

3. 企业伦理促使企业承担社会责任

（1）遵循企业伦理有助于确保企业遵守法规和道德规范，以及考虑利益相关者的利益。通过这种方式，企业能够建立起清晰的行为准则，规避潜在的法律风险和道德纠纷，从而提高经营效率，减少潜在损失，促进可持续发展。例如，企业遵循环境保护法规并采取社会责任行动，不仅可以降低环境污染风险，还能提升消费者对企业的认可度，增强市场竞争力。

（2）遵循企业伦理有助于抵制不道德行为，树立诚信经营理念，从而树立良好的社会形象，赢得信任和尊重，提升市场竞争力。在竞争激烈的市场环境中，诚信和信任是企业赢得消费者和利益相关者支持的重要因素。通过遵循伦理准则，企业能够展现其诚信经营的承诺，并与消费者建立起可靠的关系，从而提高品牌忠诚度和口碑效应，为企业长期发展奠定坚实基础。例如，一家企业在产品质量、服务态度等方面坚持高标准，能够赢得消费者的信任和好评，从而在市场上占据有利地位。

（3）企业伦理作为维护经济运行秩序的软制度和重要条件，对于提高宏观经济运行效率，减少不规范经济行为和经济摩擦，维护公平竞争环境，促进经济的稳定和健康发展至关重要。在全球化和市场经济的背景下，企业伦理不仅是企业自身行为的问题，更是整个经济体系运行的关键环节。通过推行企业伦理，可以建立起公平竞争的市场环境，减少不规范行为对经济秩序的干扰，提高资源配置效率，推动经济朝着稳定和健康的方向发展。例如，政府和企业共同制定和执行反腐败政策，维护市场秩序，促进经济的健康发展。

二、社会契约理论

社会契约理论根植于古希腊哲学，自古便对社会组织与个体责任进行探讨，其影响延续至今。近代以来，随着全球化和企业社会责任意识的抬头，这一理论在经营管理领域得到广泛应用。企业被视为社会契约的一部分，应当肩负起相应的责任，关注社会和环境问题，推动可持续发展。在这个理论框架下，企业不再只是经济实体，更应当承担起促进社会和环境可持续发展的责任，这促生了企业社会责任的概念。

社会契约理论在企业领域的应用，推动了企业伦理和社会责任的实践。企业开始更加重视与利益相关者之间的对话和协商，通过建立透明的沟通机制、参与社会公益活动、实施环境保护措施等方式，来履行其社会责任。同时，企业也在内部管理中引入社会契约的理念，通过制定公平合理的规章制度、提供良好的工作环境、关注员工福利等方式，来构建和谐的劳动关系。

（一）社会契约的内涵

社会契约的概念自提出以来，一直是学者们研究的焦点之一。它最初被定义为一系列用来规范行为的行为条款，旨在规范个体或群体之间的关系。然而，随着学者们对社会契约的深入研究，对其含义的理解也出现了不同的解释。

社会契约理论综合了宏观和微观契约论，被认为是评价决策的道德基础。根据这一理论，社会契约最初是作为一种自然而然的社会规范而产生的，它反映了人们对彼此之间行为规范的共识。在当代社会契约理论中，一些重要的观点是，社会契约是企业伦理学的重要组成部分，它揭示了企业活动背后的协议或契约，将各种行业、公司和经济制度连接成为一个道德共同体。

综上所述，社会契约是一套约束不同社会成员行为模式的规则和假设，不同于正式的书面合约，而是一种关于行为准则的非正式协议。而企业社会契约则是约束企业及其利益相关者行为模式的规则和假设。

(二) 社会契约理论的内容

1. 企业内部社会契约

企业内部社会契约是指企业与内部利益相关者之间的责任和承诺。这一概念涉及企业与员工、管理者、股东等内部利益相关者之间的关系和权利义务。

(1) 企业与员工的社会契约是建立在劳动法规和双方签署的合同基础上的。首先,企业应确保工作条件明确,合同规定清晰,以保障员工的权益。其次,企业应杜绝强迫性劳动等侵犯基本劳工权益的行为,提供安全、健康的工作环境,降低工作环境危害,确保员工身体健康和安全。最后,员工享有组建工会、集体谈判的权利,企业也应禁止任何形式的歧视,遵循法规和行业标准执行工时和薪酬规定,以确保员工权益得到充分保障。

(2) 企业与管理者的社会契约建立在委托—代理关系的基础上,要求管理者主动披露企业信息,对股东和企业负责。管理者与股东须保持一致,达成共识,避免追求个人私利,而损害企业和股东的利益。这种社会契约强调了管理者的责任与义务,要求其在企业经营中充分考虑股东利益,并与股东保持透明沟通,以维护企业长期稳健发展。

(3) 企业与股东的社会契约基于委托—代理制度,要求股东行使职责,维护合理权益,但不干预管理者的日常经营活动。在这一契约中,企业应提供必要的信息,让股东了解企业经营情况,保障其合法权益。这种信息透明度有助于建立股东信任,促进企业与股东之间的良好关系,进而为企业的长期发展提供稳定的支持和动力。

2. 企业外部社会契约

在当今社会中,企业与各方之间的外部社会契约扮演着至关重要的角色。这些契约不仅涉及企业与消费者之间的关系,还包括企业与其他企业组织、公众以及政府之间的互动。这种互惠互利的关系是社会经济稳定发展的基石。

(1) 企业与消费者的社会契约是维系市场稳定的基础。在这种契约中,企业承诺提供高质量的产品与服务,避免假冒伪劣产品的出现,确保信息透明、价格诚实,以维护消费者的权益和诚信交易。通过履行这一契约,企业能够建立起良好的品牌声誉,促进消费者信任,从而实现长期的商业成功。

(2)企业与其他企业组织之间的社会契约体现了商业合作的基本原则。在这种契约中,企业之间承诺保持公平、诚信的合作关系,按时支付款项,信守合同约定,并进行公平交易,以维护商业伙伴关系的稳定。这种相互尊重与合作有助于建立可持续的商业生态系统,推动产业链的健康发展。

(3)企业与公众之间的社会契约反映了企业对社会责任的承诺。在这种契约中,企业应尊重公众的权益,避免对环境造成污染和产生安全风险,积极参与社会可持续发展,并提供真实准确的信息,避免欺骗行为。通过积极履行这一契约,企业能够树立良好的企业形象,赢得公众的信任与支持。

(4)企业与政府之间的社会契约是维护社会秩序与稳定的重要保障。在这种契约中,企业应遵守法规与政策导向,承担外部行为成本,减轻政府的经济管理压力,并为社会经济发展作出积极贡献。通过与政府的密切合作,企业能够更好地融入社会发展大局,实现自身与社会的共同繁荣。

企业外部社会契约的关键点体现在,其受文化、历史和制度等多重因素的影响,内容和约束对象不断变化。这种变化不仅反映了不同地区或时期对企业期望的变化,更是外部利益相关者构成的变迁所导致的必然结果。随着社会发展,企业被寄予越来越多的社会责任,从单纯的经济发展转变为需要关注环境、社会和治理等多方面因素。因此,企业在塑造和执行社会契约时,需要根据外部环境的变化进行不断调整和适应,以实现长期的可持续发展。

(三)社会契约与企业社会责任

1.社会契约为企业社会责任奠定理论基础

社会契约的概念虽然抽象,但其强调企业必须满足公众的期望,并将企业责任扩展到更广泛的范围,增加了企业对社会的各种义务。社会契约的本质是企业与社会之间的一种默契或协议,规定了企业应当如何行事以满足社会的期望和需求。企业的运作方式应当根据社会契约所约定的内容来确定,这可能涉及法律的规范,也可能是企业自愿以符合社会规范和期望的方式开展业务。

社会契约理论为企业在面对社会时确定行为准则和履行社会责任提供

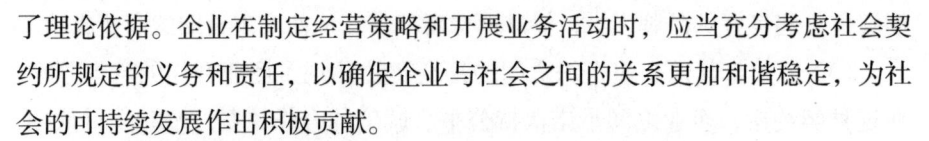

了理论依据。企业在制定经营策略和开展业务活动时，应当充分考虑社会契约所规定的义务和责任，以确保企业与社会之间的关系更加和谐稳定，为社会的可持续发展作出积极贡献。

2.社会契约尊重人权与企业社会责任以人为本理念一致

社会契约与企业社会责任之间存在着紧密的联系，尤其体现在对人权的尊重上。社会契约作为一种旨在使社会成员行为符合社会发展和大多数成员需求的约定，在企业层面得到了具体体现。

企业作为一系列社会契约关系的总和，其利益相关者之间存在着复杂的契约关系。在这种情况下，企业承担着履行利益相关者契约义务的社会责任。唐纳森和邓菲强调了契约论方法的核心即承认并尊重人的主权。他们指出，企业管理人员与顾客之间的社会契约关系体现了"卖方必须关心买方"的态度，强调了对顾客的关爱和尊重。这种关心买方的态度不仅是为了维护企业与顾客之间的合约关系，更是基于对顾客权益的尊重和保护。同时，企业社会责任的核心理念之一就是以人为本，即尊重人权。企业在履行社会责任的过程中，应当尊重员工、顾客及其他利益相关者的人权，关心他们的需求和利益。维护公众对企业的信任和支持是企业可持续发展的关键因素之一，而这种信任的构建和加强依赖于企业行为的合乎伦理，表现为对投资人和客户的关心。

3.社会契约维护企业社会责任所提倡的社会公平

社会契约理论作为解释和引导企业与社会关系的重要工具，强调了企业在谋求经济利益的同时，应当承担对社会公平的责任。这种契约关系不仅是经济上的交换，更是一种道德和伦理上的承诺。企业是社会的一部分，其行为和决策不仅会影响自身利益，还会影响社会的福祉和发展。

通过经营活动，企业为社会提供了就业机会，促进了经济的发展，这是企业对社会公平的基本贡献。但企业在追求利润的同时，也应当重视其经营活动对社会的影响，确保其行为不会加剧社会不平等，而是有助于社会的整体和谐与进步。

社会契约为所有人提供了平等参与市场的机会，这意味着企业在招聘、晋升、薪酬等方面应当遵循公平原则，不因性别、种族、年龄等非业务相关因素而歧视任何员工或潜在员工。通过这种方式，企业不仅促进了社会公平，也为自身建立了良好的社会形象，增强了竞争力。

在市场经济条件下，企业与利益相关者之间的契约关系体现为一种平等交易的关系。企业应当在交易中坚持公平原则，不利用市场优势地位进行不公平的交易，不损害消费者和其他利益相关者的权益。同时，企业还应当关注其供应链中的社会责任问题，确保供应商和合作伙伴也遵循社会公平的原则。

企业应当通过各种方式，如公益活动、环境保护、社区服务等，积极回馈社会，帮助解决社会问题。通过这些行动，企业不仅能够提升自身的品牌形象，还能够促进社会的和谐与稳定，实现企业与社会的共赢。

第四节　企业承担社会责任的必要性和可行性

一、企业承担社会责任的必要性

（一）社会发展的客观要求

1. 环境保护与可持续发展

环境保护是全球面临的一项重要议题，企业作为社会经济活动的主要参与者，其生产和运营活动对环境的影响不容忽视。企业在进行生产活动时，必须考虑到资源的合理利用和环境的保护，以实现可持续发展。

（1）资源的有限性要求企业必须采取有效措施，提高资源利用效率，减少浪费。例如，通过采用节能技术和设备、改进生产工艺等方式，企业可以在降低成本的同时，减少对自然资源的消耗和对环境的破坏。

（2）企业应当积极参与环境保护活动，通过减少污染物排放、采用清洁能源、实施绿色供应链管理等措施，减轻对环境的负面影响。这不仅有助于改善生态环境，还能够提升企业形象，增强公众对企业的信任和支持。

（3）企业还应当关注气候变化问题，通过研发低碳技术和产品，推动能源结构的优化，为全球气候治理作出贡献。这不仅是对全球环境负责，也是企业长远发展的需要。

2. 消费者权益保护与提升

消费者是企业生存和发展的基础，保护消费者权益是企业社会责任的重要组成部分。企业应当尊重消费者的知情权、选择权、公平交易权等，通过提供优质的产品和服务，保障消费者的合法权益。

（1）企业应当保证产品和服务的质量安全，避免因产品质量问题给消费者带来损害。这需要企业建立严格的质量控制体系，对产品和服务进行持续的监督和改进。

（2）企业应当注重消费者的需求和反馈，通过倾听消费者的声音，不断优化产品和服务，提升消费者的满意度。这有助于企业建立良好的客户关系，增强市场竞争力。

（3）企业应当注重消费者教育，通过提供正确的产品信息和使用指导，帮助消费者作出明智的消费决策。这不仅能够提升消费者的消费体验，还能够促进企业的可持续发展。

（二）企业自身发展的内在需要

企业自身发展的内在需要是推动企业承担社会责任的重要动力。在现代商业环境中，企业不仅要追求经济效益，还要关注社会效益和环境效益，以实现全面和谐发展。以下是对企业自身发展的内在需要进行详细解释的内容：

1. 提升企业形象与品牌价值

企业形象和品牌价值是企业无形资产的重要组成部分，对于企业的长期发展具有至关重要的作用。企业通过承担社会责任，可以有效地提升自身的形象和品牌价值。

（1）企业通过积极参与社会公益活动、环保行动等，展现出对社会和环境的关怀与责任，这将增强公众对企业的好感和信任。一个具有良好社会形象的企业，其品牌价值自然会得到提升。

（2）企业在承担社会责任的过程中，往往会得到媒体的关注和报道，这有助于提高企业的知名度和曝光率。一个广为人知且形象正面的品牌，将更容易吸引消费者和投资者的关注，从而为企业带来更多的市场机会。

2.增强企业竞争力与市场份额

在激烈的市场竞争中,企业需要不断提升自身的竞争力,以保持和扩大市场份额。承担社会责任,是企业增强竞争力的有效途径之一。

(1)企业通过实施环保措施、提高员工福利、提供优质产品和服务等社会责任活动,可以提高自身的运营效率和产品质量。这将直接提升企业的市场竞争力,帮助企业在竞争中脱颖而出。

(2)企业承担社会责任有助于建立良好的合作关系。企业与供应商、客户、政府等各方的良好关系,将有助于企业获取更多的资源和支持,进一步扩大市场份额。

3.促进企业创新与文化建设

企业的创新能力和文化底蕴是支撑企业持续发展的关键因素。企业承担社会责任,可以促进企业的创新和文化建设。

(1)企业在承担社会责任的过程中,需要不断探索和尝试新的方法和模式,以更好地满足社会和环境的需求。这种探索和尝试,将激发企业的创新思维和创新行为,从而推动企业的技术创新和管理创新。

(2)企业社会责任的承担,有助于形成积极向上的企业文化。企业在关注和解决社会问题的过程中,会传递出一种积极向上、勇于担当的价值观,这种价值观将影响和激励企业员工,形成一种共同的行动指南和行为准则,为企业的长远发展奠定坚实的文化基础。

二、企业承担社会责任的可行性

(一)企业的经济实力与资源基础

1.企业规模与财务状况的影响

企业的规模和财务状况直接影响其承担社会责任的能力。一般来说,规模较大、财务状况良好的企业,拥有更多的资源和能力来履行其社会责任。

(1)大型企业通常拥有更多的资金和人力资源,这使它们能够投入更多的财力和人力来支持社会公益项目、环境保护措施等社会责任活动。例如,大型企业可以通过设立基金会、捐赠资金、提供志愿服务等方式,为社会作出贡献。

（2）良好的财务状况为企业在社会责任领域的长期投入提供了保障。企业在追求经济效益的同时，也需要考虑到社会责任的长期性和持久性。只有财务状况稳定的企业，才能够持续不断地为社会作出贡献，实现企业与社会的共同发展。

2. 企业在人才、技术、管理等方面的优势

企业的人才、技术和管理优势是其承担社会责任的重要支撑。这些优势可以帮助企业更有效地履行社会责任，提升社会责任活动的效果和影响力。

（1）人才优势是企业履行社会责任的关键。企业拥有一支高素质的员工队伍，可以为企业的社会责任活动提供智力支持和专业技能。例如，企业可以利用自身的人才优势，开展教育支持、技能培训等社会责任项目，帮助提升社会的整体素质和能力。

（2）技术优势可以帮助企业在环境保护、节能减排等方面发挥更大的作用。企业可以通过技术创新，开发出更加环保、高效的产品和服务，减少对环境的负面影响。同时，企业还可以通过技术合作和知识共享，推动整个行业的可持续发展。

（3）管理优势可以帮助企业更有效地组织和实施社会责任活动。企业可以运用现代管理理念和方法，确保社会责任项目的顺利进行和高效运作。例如，企业可以通过建立社会责任管理体系，确保各项社会责任活动的目标明确、执行到位、效果显著。

3. 企业社会责任与经营效益的良性循环

企业社会责任与经营效益之间存在着密切的联系。企业在履行社会责任的过程中，不仅可以提升自身的社会形象和品牌价值，还能够促进经营效益的提升，实现社会责任与经营效益的良性循环。

（1）企业通过承担社会责任，可以增强消费者的信任和忠诚度。消费者越来越关注企业的社会责任表现，一个积极履行社会责任的企业，将更容易获得消费者的认可和支持。这将有助于企业扩大市场份额，提升经营效益。

（2）企业社会责任的履行有助于企业吸引和留住优秀人才。优秀的员工更愿意为那些具有社会责任感的企业工作，这将有助于企业建立一支稳定而高效的团队，提升企业的核心竞争力。

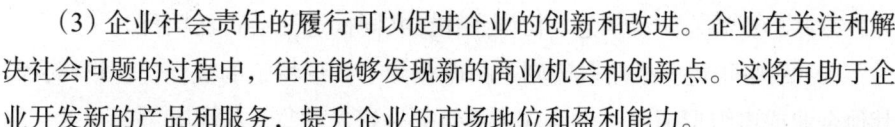

(3)企业社会责任的履行可以促进企业的创新和改进。企业在关注和解决社会问题的过程中，往往能够发现新的商业机会和创新点。这将有助于企业开发新的产品和服务，提升企业的市场地位和盈利能力。

(二)社会各界的支持与合作

1.多元利益相关者的参与

(1)企业的社会责任不仅是企业自身的事务，它涉及政府、社会组织、消费者等多元利益相关者。这些利益相关者的参与对于企业社会责任的实施和推广具有重要影响。

(2)政府在推动企业社会责任方面扮演着关键角色。通过制定相关法律法规、提供税收优惠、设立奖励机制等措施，政府可以激励企业积极履行社会责任。同时，政府还可以通过公共宣传、教育培训等方式，提高公众对企业社会责任的认识和期待，从而为企业社会责任的实施创造良好的外部环境。

(3)社会组织，如非政府组织（NGO）、行业协会等，也在推动企业履行社会责任的过程中发挥着重要作用。这些组织可以作为企业和社会各界之间的桥梁，帮助企业了解社会需求、提供专业建议、监督企业行为，确保企业社会责任的有效实施。此外，社会组织还可以通过组织各类活动，如慈善捐助、志愿服务等，动员社会资源，共同推动社会责任项目。

(4)消费者作为企业产品和服务的最终用户，对企业社会责任的影响不容忽视。消费者的选择和行为可以直接影响企业的市场表现。越来越多的消费者开始关注产品的社会责任属性，如环保、公平贸易等，这种消费趋势促使企业更加重视社会责任的履行。通过消费者的积极参与和监督，企业可以更好地了解市场需求，提升自身的社会形象和品牌价值。

2.企业与利益相关者之间的合作

为了有效地承担社会责任，企业需要与各方利益相关者建立合作机制和模式。这种合作可以采取多种形式，包括但不限于伙伴关系、战略联盟、共同项目等。

(1)伙伴关系。伙伴关系是企业与利益相关者合作的一种常见形式。通过建立长期的、互惠互利的伙伴关系，企业可以与政府、社会组织、供应商等各方共享资源、交流信息、协同工作,共同推进社会责任项目。

(2)战略联盟。战略联盟则是指企业为了实现特定的社会责任目标,与其他企业或组织形成的一种合作关系。通过资源共享、技术互补等方式,战略联盟可以帮助企业扩大社会责任项目的影响力,提高项目的效率和效果。

(3)共同项目。共同项目是企业与利益相关者合作的另一种形式。企业可以与政府、社会组织等共同发起和实施社会责任项目,通过集中各方的力量和资源,实现更大的社会效益。

3.社会责任共建共享的社会氛围与文化环境

构建一个共建共享的充满社会责任的社会氛围和文化环境,对于推动企业社会责任的广泛实施具有重要意义。这种氛围和环境可以激励更多的企业和个人参与到社会责任活动中来,形成一种积极向上的社会风尚。

(1)企业应当倡导和实践开放、透明、合作的企业文化,鼓励员工积极参与社会责任活动,将社会责任理念融入企业的日常工作和决策中。这种文化的建设有助于提升员工的责任感和归属感,增强企业的凝聚力和竞争力。

(2)社会各界应当共同努力,通过教育、宣传、表彰等方式,提升公众对企业社会责任的认识和期待。这可以帮助形成一种支持和鼓励企业履行社会责任的社会氛围,为企业社会责任的实施提供强大的社会动力。

(3)媒体在构建社会责任共建共享的社会氛围中也扮演着重要角色。媒体可以通过报道企业的社会责任活动、宣传社会责任的成功案例、揭露不负责任的企业行为等方式,引导和监督企业社会责任的实施,促进社会责任文化的广泛传播和深入人心。

第二章 企业对利益相关者的社会责任

在企业运营的广阔舞台上,利益相关者的概念日益凸显,他们的利益和期望对企业的决策和发展产生着重要影响。本章深入探讨企业在面对员工、消费者、环境以及其他利益相关方时所承担的社会责任。

第一节 企业对员工的社会责任分析

一、企业保护员工劳动的权利

《中华人民共和国劳动法》明确规定了劳动者在劳动关系中的各项权利,旨在保护劳动者的合法权益,调整劳动关系,并促进经济发展和社会进步。该法于1994年7月5日由第八届全国人民代表大会常务委员会第八次会议通过,自1995年1月1日起施行。

根据《中华人民共和国劳动法》的规定,劳动者在劳动关系中享有的主要权利包括:平等就业的权利、选择职业的权利、取得劳动报酬的权利、获得劳动安全卫生保护的权利、享有社会保险和福利的权利、接受职业技能培训的权利,以及提请劳动争议处理的权利。

(一)劳动就业权

《中华人民共和国劳动法》的实施,为保护劳动者的权益、调整劳动关系、促进经济社会发展奠定了坚实基础。其中,劳动就业权作为劳动者的基本权利之一,在法律中得到了详细的规定和保障。

(1)劳动者享有平等就业和选择职业的权利,这意味着在就业过程中不受性别、年龄、种族等因素的歧视,劳动者有权选择适合自己能力和兴趣的职业,享有平等的就业机会。特别值得注意的是,妇女享有与男性同等的就业权利,这体现了社会对性别平等的尊重和保护。

(2)《中华人民共和国劳动法》规定了劳动者与用人单位之间订立劳动合同的义务。劳动合同作为双方约定的法律文件,明确规定了劳动关系的权利和义务,具有法律约束力。用人单位在制定、修改或决定与劳动者利益相关的规章制度时,必须经过法定程序,并向劳动者公示,以保障劳动者的知情权和参与权。

(3)《中华人民共和国劳动法》规定了劳动者无过错的情况下,用人单位解除劳动合同的条件和程序,以及用人单位应当承担的经济赔偿义务。这一规定保护了劳动者的合法权益,防止了用人单位滥用解除劳动合同的权力,确保了劳动关系的稳定和持续。

(4)修订后的《中华人民共和国工会法》进一步加强了工会在劳动关系中的作用,明确了工会在维护劳动者权益和监督用人单位行为方面的职责。根据法律规定,企业在解除劳动合同时,须事先通知工会,并在工会的监督下进行,以确保解除合同的合法性和公正性。这一规定不仅强化了工会的地位和作用,也为劳动者提供了更加有力的法律保障。

(5)《中华人民共和国残疾人保障法》《中华人民共和国妇女权益保障法》《中华人民共和国未成年人保护法》等法律也针对特定群体的劳动者就业权利作出了明确规定,旨在保障不同群体的合法权益,促进社会的多元和谐发展。这些法律不仅体现了国家对劳动者权益的高度重视,也为构建和谐劳动关系提供了有力的法律支持。

(二) 劳动合同保障权

随着时代的变迁和法律制度的不断完善,劳动合同保障权在我国的法律体系中愈发凸显出重要性。劳动合同不仅是用人单位与员工之间约束关系的载体,更是对员工权益的保障和企业社会责任的具体体现。

关于劳动合同的签订,我国法律规定了一系列的条款和规定,旨在保障劳动者的合法权益。根据《中华人民共和国劳动法》,劳动者必须年满16岁方可参加工作,并与用人单位签订劳动合同。劳动合同的签订应遵循一定的程序和规定,其中关于试用期的约定、劳动合同的分类以及劳动合同的解除等方面都有明确的规定。这些规定不仅规范了用人单位与员工之间的合作关系，也为员工的权益保障提供了法律支持。

在劳动合同的分类中，无固定期限劳动合同得到了鼓励和推崇。这种类型的劳动合同有利于提高员工的稳定性和积极性，为员工提供了更好的发展空间和保障。同时，对于解除劳动合同的条件和程序也有详细的规定，包括了法定解除劳动合同的情形、生产性裁员的程序和非法定原因不得解除劳动合同的情形等。这些规定的制定旨在保障员工的合法权益，防止用人单位滥用权力，从而维护劳动合同保障权的实质内容。

随着经济社会的不断发展和劳动关系的日益复杂化，劳动合同保障权的内容也在不断拓展和完善。例如，针对新兴的劳动形式和就业模式，相关法律法规也在不断修订和更新，以适应新形势下的劳动关系需求。此外，随着人工智能和自动化技术的发展，劳动合同保障权也面临着新的挑战和机遇，如何在保障员工权益的同时促进企业的发展，是当前亟待解决的问题之一。

(三) 劳动报酬权

劳动报酬权是指劳动者按照劳动合同或法律规定所应当获得的报酬，并且具有一定的权利和保障。在劳动关系中，劳动报酬权的确立旨在保障劳动者的合法利益，促进劳动关系的平衡和稳定。

(1) 劳动报酬权规定了按劳分配的原则。按劳分配是社会主义经济制度下的一项基本原则，意味着劳动者应当根据其付出的劳动数量和质量来获得相应的报酬。这一原则体现了对劳动者劳动成果的公平回报，有利于激发劳动者的工作积极性和创造性。

(2) 劳动报酬权规定了最低工资保障制度。最低工资保障制度是指国家或地方政府根据当地经济发展水平和生活成本，设定并实施的最低工资标准，保障劳动者获得基本生活保障。这一制度的实施有助于解决低收入群体的生活困难，促进社会的公平和稳定发展。

根据《中华人民共和国劳动合同法》的规定，劳动报酬权具体包括三个方面的内容：

报酬的协商权：劳动者在与用人单位签订劳动合同时，有权与用人单位协商确定报酬的标准、支付方式、调整机制等具体内容。这意味着劳动者可以根据自身的能力和贡献，与用人单位进行公平、自主的报酬协商，保障自己的合法权益。

报酬的请求权：劳动者有权要求用人单位按照劳动合同的约定或法律规定，及时足额地支付劳动报酬。这一权利保障了劳动者获得应有的经济回报，防止用人单位违法拖欠劳动报酬，维护了劳动者的合法权益和社会稳定。

报酬的支配权：劳动者一旦获得劳动报酬，就享有对报酬的支配权，即有权自主支配和使用所获得的报酬。劳动者可以根据自己的需要和意愿，合理安排和利用所得报酬，提高自身的生活水平和质量。

(四) 劳动保护权

劳动保护权是劳动者在从事工作时享有的一项重要权利，其核心是要求用人单位提供安全、健康的工作环境和条件。这一权利的确立旨在保障劳动者的身体健康和生命安全，促进劳动者全面发展，同时也有助于提高劳动生产率和促进经济社会的可持续发展。

(1) 安全卫生环境条件获得权。这意味着劳动者有权在工作场所获得符合安全卫生标准的工作环境和条件，包括通风良好、无毒害物质、防止事故的安全设施等。用人单位有责任提供并维护这样的工作环境，保障劳动者的身体健康和安全。

(2) 获得劳动保护用品的权利。劳动保护用品包括安全帽、防护眼镜、防护手套等，用于保障劳动者在工作中免受伤害。劳动者有权要求用人单位提供必要的劳动保护用品，并且用人单位有义务免费提供和保证其有效使用。

(3) 获得法律规定的休息时间的权利。根据中国的劳动法律法规，劳动者有权享受规定的休息时间，包括每日的休息时间、每周的休息日以及法定节假日等。这些休息时间的安排有助于劳动者恢复体力、调整工作状态，提高工作效率和生活质量。

(4) 定期健康检查权。用人单位应当依法为劳动者提供定期的健康检查，并根据检查结果采取必要的措施保护劳动者的健康。这有助于及早发现和预防劳动者的职业病和职业健康问题，保障劳动者的身体健康和生命安全。

(5)依法获得特殊保护的权利。对于一些特殊群体，如孕期女性、未成年劳动者、残疾人等，法律法规给予了特殊的保护措施，用人单位有义务特别关注其安全和健康状况，并采取相应的措施保护其合法权益。

(五)社会保障权

社会保障权是指公民享有的一项重要权利，也称为福利权，其核心是要求政府通过立法和政策来保障个人和家庭在面临工伤、职业病、失业、疾病和老年等情况时能够获得一定的固定收入和其他各种补助，以维持基本生活水平。这一权利的确立旨在保障人民的基本生存权，提高社会福利水平，促进社会的和谐稳定和经济的可持续发展。

(1)对劳动者在工作过程中遭受工伤、职业病等情况的保障。根据《中华人民共和国劳动合同法》和相关法律法规的规定，用人单位有责任为工作原因导致工伤或职业病的劳动者提供相应的医疗保障和经济赔偿。这意味着劳动者在遭受工伤或患职业病时，有权获得由政府和社会提供的医疗救助和经济赔偿，以保障其基本生活需求和医疗费用。

(2)对失业者的保障。政府应建立失业保险制度，为失业者提供一定期限内的失业救济金或补助，以帮助他们渡过难关，并通过职业培训和再就业服务促进其重新就业。这有助于减轻失业者和其家庭的经济压力，维护社会稳定。

(3)对老年人的保障。政府应建立健全养老保险制度和社会福利体系，为老年人提供基本的养老金和医疗保障，保障他们的基本生活需求。这有助于提高老年人的生活质量。

(4)对特殊群体的保障，如残疾人、妇女和儿童等。政府应当制定特殊的福利政策和措施，为这些群体提供相应的保障和帮助，促进他们全面发展和融入社会。

(六)职业技能培训权

职业技能培训权是劳动者享有的一项重要权利，它涉及劳动者接受职业技能培训的权利，并在此基础上获得相应的待遇。这一权利的确立旨在提高劳动者的职业技能水平，增强其就业竞争力，从而促进整个社会的经济发展和进步。

(1) 职业技能培训权的意义在于为劳动者提供获取必要职业技能的机会。随着科技进步和社会发展，职业技能的更新换代日新月异，劳动者需要不断学习新知识、掌握新技能以适应社会的发展需求。职业技能培训权的确立为劳动者提供了获取职业技能培训的合法途径，使其能够不断提升自身的专业素养，适应市场的变化和需求。

(2) 职业技能培训权有助于提高劳动者的就业能力和竞争力。随着经济全球化和产业结构的调整，市场对于高素质、高技能的劳动者需求日益增加。通过接受职业技能培训，劳动者可以提升自身的技能水平，增强在职场上的竞争力，更好地适应市场的需求，从而实现就业的可持续性和稳定性。

(3) 职业技能培训权的设立有助于促进劳动者的职业发展和晋升。职业技能培训不仅可以帮助劳动者提升当前工作岗位上的技能水平，还可以为其未来的职业发展打下坚实的基础。通过不断学习和提升，劳动者可以不断提高自身的职业素养和能力，获得更多的晋升机会，实现个人职业目标的实现和发展。

(4) 职业技能培训权有助于提升整个社会的人力资源质量和经济发展水平。随着技术的进步和产业结构的调整，高素质的劳动者已经成为社会经济发展的重要推动力量。通过积极开展职业技能培训，可以培养大量高素质的技术人才，满足社会经济发展的需求，推动产业升级和经济结构调整，提升国家整体竞争力。

(七) 女职工权益保护权

女性在职场中享有与男性平等的劳动权利，这是妇女权益得到保障的重要内容之一。《中华人民共和国妇女权益保障法》明确规定了对女职工劳动权益的保护，涵盖了录用、报酬、晋升、特殊劳动保护等多个方面，体现了对女性在职场中权益的尊重和保障。

(1) 在录用过程中，妇女应当受到公平待遇。法律规定，各单位在录用职工时，除不适合女性的工种或者岗位外，不得以性别为由拒绝录用女性或者提高对女性的录用标准。此外，禁止招收未满十六周岁的女工，以保护未成年女性的权益和利益。

(2) 女性应当获得与男性同等的报酬和福利待遇。法律明确规定实行男女同工同酬的原则，用人单位不得因性别差异而降低女职工的工资待遇。同时，在住房分配和福利享受方面也应实现男女平等，消除性别歧视。

(3) 在晋升和评定方面，应坚持男女平等的原则。女性在晋升、晋级、评定专业技术职务等方面应享有与男性平等的机会和待遇，不得因性别而歧视妇女。用人单位应建立公平的晋升机制和评定标准，确保女性能够充分展示自己的能力和才华。

(4) 妇女在工作和劳动时应受到特殊保护。特别是在经期、孕期、产期、哺乳期等特殊时期，用人单位应合理安排工作时间和劳动强度，不得安排女职工从事禁忌劳动或者有害身体健康的工作，以保障女性的安全和健康。

(5) 国家应积极发展社会保险、社会救济和医疗卫生事业，为年老、患病或丧失劳动能力的妇女提供物质资助。同时，加大相关法律的宣传和执行力度，确保妇女权益保障法得到有效实施，为妇女创造一个良好的工作和生活环境。

二、企业保障和落实员工民主管理权

(一) 参加和组织工会权

依法参加和组织工会权作为中国广大职工的一项重要权利，得到了相关法律的明确规定和保障。在《中华人民共和国劳动法》《中华人民共和国公司法》等法律法规的支持下，职工们享有了加入和组织工会的自由权利。《中华人民共和国工会法》更是明确规定，所有以工资收入为主要生活来源的体力劳动者和脑力劳动者，无论其民族、种族、性别、职业、宗教信仰或教育程度如何，都有权依法参加和组织工会。

中国工会积极致力于维护和保障职工参加和组织工会的权利。工会始终坚持"哪里有职工，就要在哪里建工会"的原则，力求将更多的职工组织到工会中来，让工会成为职工权益保护的坚强后盾。这体现在以下方面：

(1) 工会的覆盖范围应是全面的。无论是国有企业还是民营企业，无论是中资还是外资企业，无论是企业、事业单位还是机关团体，只要有职工存在，都应当按照法律规定建立工会组织，确保每一位职工都能够享受工会的权益保障。

(2) 工会应当独立开展工作，积极维护职工的合法权益。工会作为职工的代表和维权者，应当坚定地站在职工一边，依法维护职工的合法权益，为职工提供必要的帮助和支持，使他们能够在工作中享受应有的权利和福利。

(3) 工会应当依法进行民主管理，特别是在涉及职工生活的重大问题上，应当积极倡导民主决策和民主监督。工会应当对重大事项进行公开透明操作，充分听取职工的意见和建议，实行民主监督，确保决策的公正性和合理性，保障职工的合法权益不受侵犯。

(二) 民主管理权

民主管理权是《中华人民共和国宪法》赋予职工和劳动者的一项重要权利，旨在实现社会主义企业和国民经济的民主管理和决策。《中华人民共和国宪法》规定，国营企业应通过职工代表大会和其他民主形式实行民主管理，集体经济组织也应由全体劳动者选举和罢免管理人员，决定经营管理的重大问题。

我国的职工民主管理具有多样化的形式，但主要包括职代会、厂务公开、平等协商和集体合同、职工董事和职工监事四种制度。在这些制度中，厂务公开被视为基础和前提，因为只有当了解企业的运作情况，职工才能有效参与民主管理。厂务公开也符合现代企业制度的要求，体现了公开、公正、透明的原则，是企业健康发展的重要保障。

职工代表大会是实行职工民主管理的重要机制之一，通过选举产生的职代会代表可以参与决策，监督企业管理，并代表职工表达诉求。平等协商和集体合同制度则是职工和管理层平等协商解决问题、达成共识的重要途径，有利于维护双方的合法权益。

此外，职工董事和职工监事制度也发挥着重要作用，他们作为职工代表参与企业管理监督，促进了企业的民主决策和监督机制的建立。这些制度的实施不仅有助于保障职工的合法权益，还能提升企业的经营效率和管理水平。

三、为员工缴纳"四险一金"的社会责任

企业为员工缴纳"四险一金"是履行社会责任的重要体现,其目的在于确保员工的基本生活和健康得到有效保障。所谓的"四险一金"指的是养老保险、医疗保险、失业保险、工伤保险以及住房公积金。这些社会保险和住房公积金项目不仅构成了员工社会保障的基础,而且反映了企业对员工的关怀和负责任的态度。

具体来说,养老保险、医疗保险和失业保险由企业和个人共同缴纳,这种共担机制旨在为员工的老年生活、医疗需求和失业状态提供必要的经济保障。工伤保险则完全由企业负责缴纳,这项保险的实施是企业不可推卸的社会责任,也是维护员工合法权益的关键措施。值得注意的是,"四险"属于法定强制缴纳的社会保险项目,而"一金"即住房公积金虽非法定强制,但已成为企业为员工提供的一项重要补充福利。

第二节 企业对消费者的社会责任分析

一、产品质量责任

产品质量是指产品适应社会生产和生活消费需要而具备的特性,它是产品使用价值的具体体现。它包括产品内在质量和外观质量两个方面。产品的内在质量是指产品的内在属性,包括性能、寿命、可靠性、安全性、经济性五个方面;产品的外观质量主要包括产品的外部属性,如光洁度、造型、色泽、包装等。

(1)产品性能。产品的性能是指产品具有适合用户需求的物理、化学或技术性能,如产品的强度、化学成分、功率等。这些性能特征直接影响着产品的使用效果和用户体验,是产品质量的重要组成部分。

(2)产品寿命。产品的寿命是指产品在正常使用情况下的使用期限,如房屋的使用年限、电器产品的使用寿命等。产品的寿命长短直接关系到产品的耐用性和经济性,是衡量产品质量优劣的重要指标之一。

(3)产品可靠性。产品的可靠性是指产品在规定的时间内和规定的条件

下能够正常使用且不发生故障的特性。具有高可靠性的产品能够为用户提供稳定可靠的使用体验，提高了产品的信誉和竞争力。

（4）产品安全性。产品的安全性是指产品在使用过程中对人身和环境的安全保障程度。安全性是产品质量的基本要求之一，产品安全问题的存在可能会导致严重的安全事故和负面影响，因此必须得到高度重视。

（5）产品经济性。产品的经济性是指产品在经济寿命周期内的总费用，包括购买成本、使用成本和维护成本等。经济性高的产品能够在保证质量的前提下提供更低的使用成本，提升产品的市场竞争力。

（6）产品的外观质量。外观质量的良好与否直接影响着产品的美观程度和用户的购买欲望，但在确保内在质量的前提下才具有意义。

（一）产品质量的标准

产品质量标准是确保产品符合预期使用性能和安全要求的关键。它是生产、检验和评价产品质量的统一依据和尺度，旨在消除主观因素的影响，确保产品的质量稳定性和可靠性。产品质量标准的核心在于对产品的主要技术参数进行数量上的明确规定，这些参数既包括产品的内在质量，也涵盖外观质量。通过这些标准，可以对产品进行全面而深入的质量评估，从而确保产品在市场上的竞争力和消费者的满意度。我国采用的产品质量标准具体如下：

（1）国际标准。这些标准由国际标准化组织（ISO）、国际电工委员会（IEC）等国际权威机构制定，是全球范围内公认的质量准则。我国积极倡导采用国际标准，以提升产品的国际竞争力。然而，需要注意的是，不能简单地将进口产品检验时的技术参数视为国际标准，这些参数应仅作为产品质量分析的参考。

（2）国家标准。这是在全国范围内统一执行的产品质量标准，主要针对对国民经济和人民生活具有重要影响的产品。国家标准是产品质量管理的基础，确保了产品的基本安全和性能。

（3）部颁标准，也称为行业标准。这类标准在特定行业内具有普遍的约束力。它们根据行业特点和需求，对产品质量提出更为具体的要求。

（4）企业标准。这是企业根据自身产品的实际情况和市场需求，自主制定并经审批后实施的标准。企业标准可以高于国家标准或部颁标准，也可以直接采用国际标准，但必须与国家和行业标准保持一致，不得相冲突。通过将产品的实际质量水平与既定的质量标准进行对比，可以判断产品的合格性。符合或超过标准的为合格品，否则为不合格品。合格品根据其满足标准的程度，进一步划分为一等品、二等品等不同等级。不合格品则包括次品和废品。根据《中华人民共和国产品质量法》，只有质量合格的产品才能被允许生产和销售。

对于生产企业来说，生产和销售质量合格的产品不仅是社会责任，也是企业可持续发展的关键。质量合格的产品应满足三个层面的要求：符合相关质量标准、满足合同或协议中的技术要求，以及达到企业向公众承诺的质量水平。

总之，产品质量标准是确保产品质量、保护消费者权益、提升产品市场竞争力的重要手段。通过不断完善和执行质量标准，可以有效推动产品质量的提升，促进产业的健康发展。

(二) 产品质量的作用

1. 产品质量是企业的生存根基

在激烈的市场竞争中，企业若想脱颖而出、持续发展，必须将产品质量放在首要位置。无论是从企业战略规划的角度还是从消费者需求的角度来看，优质的产品质量都是企业持续发展的关键。

（1）对于企业而言，产品质量是其立足市场的基础。在竞争激烈的市场环境下，仅仅靠低价往往难以获得持续的竞争优势，只有通过提供优质的产品，才能赢得消费者的信任和支持。优秀的产品质量不仅可以树立企业良好的品牌形象，还能够吸引更多的消费者，从而为企业的长期发展奠定坚实的基础。

（2）从消费者的角度来看，产品质量直接关系到他们的使用体验和生命安全。消费者更加关注产品的质量、服务和使用体验，而不仅是价格因素。因为在质量至上的时代，消费者更愿意选择质量可靠、口碑良好的产品，而不是仅仅追求低价。因此，企业若想赢得消费者的认可和口碑，必须把产品质量放在首位，确保产品的质量达到甚至超越消费者的期待。

2.产品质量是企业的核心竞争力

产品质量是企业在激烈的市场竞争中脱颖而出的核心力量，它不仅体现了企业的技术水平和创新能力，也是企业赢得消费者信任和市场认可的重要保障。企业要想在市场中稳固地位，持续发展，就必须不断对产品种类进行创新和优化，同时提升产品质量，确保每一件产品都能满足甚至超越消费者的期待。

在企业发展的过程中，产品质量始终是一条生命线。诺基亚的故事就是一个典型的例证。它曾经的成功，源于对产品质量的不懈追求和对消费者需求的深刻理解。然而，随着时间的推移，市场环境和消费者需求发生了变化，诺基亚未能及时调整策略，跟上时代的步伐，最终品牌衰落。这一历史教训告诫所有企业，只有不断适应市场变化，积极创新，才能保持竞争力，避免被市场淘汰。

3.产品质量提升增强国家综合实力

产品质量的提升对于一个国家的综合实力增强具有重要意义。产品或服务的质量水平不仅直接关系到企业的竞争力和经济实力，更是决定整个国家竞争力和经济实力的主要因素之一。

（1）高质量的产品和服务是企业竞争的核心。在当今激烈的市场竞争环境中，只有具备优异的产品质量，企业才能在市场中立于不败之地，赢得消费者的信任和支持。高品质的产品不仅可以提升企业的品牌形象，还能够吸引更多的客户，带来更多的市场份额和利润，从而增强企业的竞争力和经济实力。

（2）国家的整体经济实力和竞争力也直接受产品质量的影响。优质的产品和服务不仅能够提高国内市场的竞争力，还能够提升国家在国际市场上的话语权和地位。通过提升产品质量水平，国家可以拥有更强的核心竞争力，推动产业升级和经济结构调整，实现经济持续健康发展。

在实现高质量发展的过程中，企业需要注重质量变革、效率变革、动力变革，统筹解决重大紧迫问题和根本长远问题。这不仅是企业的内在要求，也是国家经济发展的需要。只有不断提升产品质量，加强技术创新和管理创新，才能真正实现从不平衡、不充分、不可持续发展向全面可持续发展的转变。

(三) 提升产品质量

在新常态下，我们需要准确把握质量工作的目标任务，加强产品质量治理能力，提高产品质量监督工作的有效性、整体性和协调性，以新的发展理念为引领，以供给侧结构性改革为主线，努力推动质量监督事业的创新发展。

(1) 树立产品质量责任意识。企业应当认识到，产品质量不仅关系到消费者的个人利益，更关系到社会的公共安全和整体福祉。因此，企业必须将产品质量视为企业经营的核心，确保从原材料采购、产品设计、生产制造到产品销售的每一个环节都能够达到安全、可靠的标准。企业应当建立完善的质量管理体系，明确各级管理人员和员工的质量责任，通过持续的培训和教育，提高全员的质量意识，确保每个人都能够自觉地为提升产品质量而努力。

(2) 加强企业产品技术管理。产品技术的先进性直接决定了产品的性能和质量。企业应当投入必要的资源进行技术研发，跟踪最新的技术趋势，不断进行技术创新和升级。同时，企业还应当加强与科研机构和高校的合作，引进先进的技术和人才，加速技术成果的转化。通过持续的技术改进和创新，企业可以提升产品的市场竞争力，满足消费者对高质量产品的需求。

(3) 加强企业产品生产管理。生产过程中的每一个细节都可能影响最终产品的质量。因此，企业必须建立严格的生产管理制度，规范生产流程，确保每一道工序都能够按照既定的标准执行。此外，企业还应当建立完善的质量控制和检验体系，对生产过程中的关键节点进行监控，及时发现并解决质量问题。通过严格的生产管理和质量控制，企业可以有效地减少不合格产品的产生，保障产品的质量安全。

(4) 加强企业文化思想建设。企业文化是企业的灵魂，它影响着员工的行为准则和价值观念。企业应当树立以质量为中心的文化理念，将质量意识融入企业文化之中，使每一位员工都能够自觉地将提升产品质量作为工作的首要任务。通过强化企业文化建设，企业可以提升员工的道德素质和职业操守，形成全员关注质量、追求卓越的良好氛围。

(5) 加强企业人力资源管理。员工是企业最宝贵的资源，他们的专业技

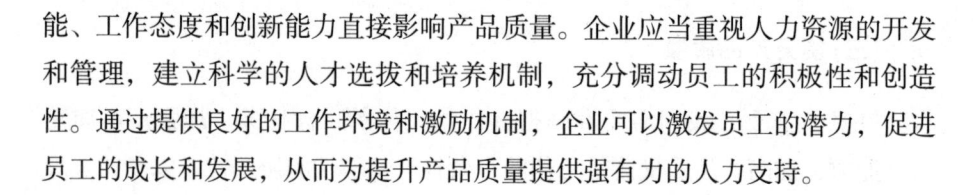

能、工作态度和创新能力直接影响产品质量。企业应当重视人力资源的开发和管理，建立科学的人才选拔和培养机制，充分调动员工的积极性和创造性。通过提供良好的工作环境和激励机制，企业可以激发员工的潜力，促进员工的成长和发展，从而为提升产品质量提供强有力的人力支持。

二、产品价值责任

（一）产品价值、顾客价值与社会价值

1. 企业产品价值是企业获得的利润与支出费用之比

企业产品的价值，从本质上来说，是指企业通过生产和销售产品所获得的利润与其支出费用之间的比例关系。这一比例关系直接反映了企业产品在市场上的竞争力和盈利能力。然而，要实现这种价值，企业需要在多个方面作出努力和改进。

（1）企业必须以顾客为中心，充分理解和满足顾客的需求。顾客价值是企业价值实现的关键，只有在满足顾客需求的基础上，企业才能赢得顾客的信任和支持。因此，企业需要不断提升产品质量，确保产品的安全可靠性，提供优质的售后服务，以提高顾客的满意度和忠诚度。

（2）企业需要注重提高生产效率和管理效率，以降低生产成本和经营成本。通过优化生产流程、提高生产设备的利用率、降低物流成本等措施，企业可以有效地降低产品的生产成本，提高产品的竞争力。同时，有效地管理和控制成本也是实现企业产品价值的重要手段，企业需要建立科学的成本管理体系，合理控制各项支出，确保利润最大化。

（3）企业应该注重技术创新和产品创新，不断提升产品的附加值。随着科技的不断发展和市场竞争的加剧，顾客对产品的需求也在不断变化，企业需要不断推出具有创新性和差异化的产品，以满足市场的需求，并赢得更多的市场份额。通过技术创新和产品创新，企业可以提升产品的附加值，提高产品的售价和利润率。

2. 产品价值、顾客价值和社会价值的辩证统一

在现代市场经济中，产品价值、顾客价值和社会价值之间存在着辩证的统一关系。这三者相互依存、相互促进，共同构成了企业可持续发展的

基础。

（1）产品价值是企业存在和发展的根本。产品价值体现在产品能够满足消费者需求的程度、产品的质量和性能以及产品所具有的独特性和创新性。一个高质量的产品不仅能够为消费者提供良好的使用体验，还能在市场上获得竞争优势，从而为企业带来经济利益。产品价值的提升，有助于增强企业的市场竞争力和品牌影响力，为企业的长远发展奠定坚实的基础。

（2）顾客价值是企业追求的重要目标。顾客价值体现在产品或服务能够为顾客创造实际价值和心理价值。"随着经济发展方式转变以及顾客接触点高度多变，企业能否有效创新以满足顾客需求，对于企业生存与发展至关重要。"❶ 随着社会的发展和消费者需求的多样化，顾客对产品或服务的期望不再局限于基本的使用功能，更加注重产品或服务所带来的附加价值，如个性化定制、便捷的购物体验、优质的售后服务等。企业应当以顾客为中心，深入了解顾客的需求和期望，不断优化产品和服务，提升顾客满意度，从而创造更大的顾客价值。

（3）社会价值是企业履行社会责任的重要体现。企业在追求经济效益的同时，也应当关注社会效益，通过提供优质的产品和服务，促进社会和谐与进步。企业应当关注环境保护、公平交易、公益活动等方面，通过实际行动为社会作出贡献。企业的社会价值不仅体现在对社会的贡献上，也体现在企业形象和品牌价值的提升上。一个具有良好社会形象的企业，更容易获得消费者的信任和支持，从而实现经济效益和社会效益。

（二）重视对消费者的产品价值责任

1. 政府约束和激励企业创造产品价值

通过法律、政策和制度等手段，政府能够规范企业的生产行为，促使企业生产更加符合消费者需求的产品，从而提高产品的质量和市场竞争力。

（1）政府可以通过法律法规来约束企业的生产行为。例如，《中华人民共和国消费者权益保护法》和《中华人民共和国产品质量法》等相关法律法规，规定了企业在生产过程中必须遵守的基本规范和标准，明确了企业对消

---

❶ 田虹,田佳卉,张亚秋.顾客参与价值共创、顾客知识转移与企业双元创新[J].科技进步与对策,2022,39(8):121.

费者负有的责任和义务。这些法律法规的制定和实施，有效地约束了企业的生产行为，促使企业注重产品质量和安全性，保障消费者的合法权益。

(2) 政府可以通过政策和制度来激励企业创造产品价值。例如，政府可以制定税收优惠政策，对那些生产高质量产品、注重科技创新、提高产品附加值的企业给予税收减免或补贴，以鼓励企业积极投入产品研发和生产中。此外，政府还可以建立健全市场监管体系，加强对产品质量和安全的监督检查，对那些生产假冒伪劣产品、存在安全隐患的企业进行严厉惩罚，从而促使企业自觉提升产品质量，增强市场竞争力。

2. 社会引导企业重视产品价值

在当代社会，企业的发展与社会环境密切相关，社会的进步和消费者需求的变化对企业的生产和经营活动产生了深远的影响。社会通过多种方式引导企业重视产品价值，进而推动企业不断创新和提升产品质量，以满足消费者的高标准和个性化需求。

(1) 随着社会的发展和人民生活水平的提高，消费者的维权意识得到了显著增强。消费者不再满足于基本的产品功能，而是开始追求更高质量的产品和服务。这种变化促使企业必须提高对产品价值的重视，不断优化产品设计、提升产品质量、丰富产品功能，以满足消费者日益增长的需求。企业通过提供有价值的产品，不仅能够赢得消费者的信任和支持，还能够在激烈的市场竞争中占据有利地位。

(2) 社会维权风气的改善也为企业发展提供了良好的外部条件。消费者通过各种渠道表达对产品和服务的意见和建议，企业的产品和服务质量受到社会的监督和评价。这种监督机制迫使企业不断提升产品和服务的质量，以维护自身的品牌形象和市场地位。企业在这种社会环境下，更加注重产品的研发和创新，努力生产出更有价值的产品，以满足消费者的期待。

(3) 消费者对产品的需求趋向个性化发展，这要求企业必须紧跟市场趋势，提供符合消费者个性化需求的产品和服务。"私人定制""个人专属""独家享有"等概念越来越受到消费者的青睐，企业要想在市场中保持竞争力，就必须能够提供独具匠心的定制化产品和服务。这种个性化的产品不仅能够满足消费者的特定需求，还能够为企业带来更高的附加值，从而提升企业的利润水平。

3. 企业须将产品价值责任融入管理体系

企业应该将对消费者的产品价值责任融入企业的管理体系。企业履行对消费者的责任与企业的价值成显著的正相关。

(1)企业应树立起对消费者的产品价值责任意识,将消费者的需求和利益置于重要位置。这意味着企业在生产和经营过程中应该时刻关注消费者的需求和期望,不断改进产品,提高产品的质量和性能,以满足消费者的需求,增强产品的竞争力,提升市场份额。

(2)企业需要将生产有价值的产品作为长期坚持的战略目标。这意味着企业在制定经营战略和发展规划时,应该将提供有价值的产品作为首要目标和核心任务。企业应该注重产品的研发和创新,不断提升产品的附加值和市场竞争力,实现企业和消费者的互利共赢。

三、企业经营管理的诚信责任

诚信是中华民族传统文化中的一项重要道德准则,它不仅在个人道德修养中占据着核心地位,也是商业活动中不可或缺的基本原则。在商业领域,诚信的内涵和意义体现在多个方面,对于企业的长远发展具有深远的影响。

(一)企业诚信的构成因素

1. 财务信用

"在我国现阶段市场经济的发展过程中,由于经济和货币之间的联系过于密切,相关的经济动作又呈现出扩张化的主要特性。这些因素使得在经济活动过程中的各个单位中都有着债权债务关系掺杂在其中,并且信用要素贯穿在其中。"[1]企业的财务信用是企业在财务管理方面的一个重要指标,它反映了企业在与金融机构、供应商和客户交往中是否遵守相关的财务规定和约定。

(1)企业财务信用体现了企业的财务管理水平和风险控制能力。一个具有良好财务信用的企业通常会严格按照财务制度和规定履行自己的财务义务,保持财务账目的准确和透明,有效控制财务风险,从而提高企业的经营

---

[1] 赵兵,彭丽坤.论企业财务信用制度[J].中外企业家,2016(2):802.

效率和竞争力。

（2）企业财务信用也关系到企业与金融机构、供应商以及客户之间的信任关系。只有企业能够及时履行与它们的财务义务，如按时支付应付账款等，才能够建立起良好的信任关系，获得更多的金融支持和资源，拓展更广阔的市场空间。

2. 产品信用

产品信用意味着企业所提供的每一件产品都应当符合既定的质量标准，这既是企业的责任，也是市场秩序的需要。要确保产品信用的实现，企业需要在多个方面采取措施。

（1）企业必须杜绝生产假冒伪劣产品的行为。这不仅是基本的市场规范，也是法治化市场经济的必然要求。只有消除假冒伪劣产品，才能确保消费者的权益，维护市场秩序的正常运转。

（2）企业应严格按照规定的生产程序进行生产，并控制产品质量，确保生产出的产品符合既定的质量标准。通过严格遵守生产程序，控制每个生产环节的质量，企业才能保证最终产品的质量与企业预期一致。

（3）企业须严格遵守产品装卸和运输的要求，在产品转移过程中保证质量不受损。许多产品对运输有严格的要求，如果在运输过程中质量无法保证，可能导致产品质量受损，从而影响企业的信誉和市场竞争力。

（4）企业应及时处理和调换存在缺陷的产品，确保客户购买的产品都是符合约定质量标准的。这不仅是对消费者的负责，也是对企业自身信用的维护。只有及时处理不良产品，才能赢得消费者的信任和支持，提升企业的品牌形象。

3. 促销信用

促销不仅是产品销售的手段，更是企业品牌形象和声誉的体现。促销信用，就是指企业在进行促销活动时所展现的诚信和可靠性。具体而言，促销信用要求企业在推销产品过程中，必须坚持真实、客观、诚信的原则，确保其促销行为与产品描述、企业宣传一致，不得夸大其词，更不能进行虚假宣传。

为了确保促销信用的实现，企业需要建立完善的内部管理机制。首先，企业应该加强对产品和服务的质量控制，确保产品质量与宣传相符，以免引发消费者的误解和不满。其次，企业需要培养和建设具有良好职业道德和诚信意识的员工队伍，加强员工的培训和教育，提高其识别和抵制虚假宣传的能力。最后，企业还应建立健全客户投诉处理机制，及时解决消费者的投诉和纠纷，维护消费者的合法权益，增强消费者对企业的信任感。

促销信用的建立不仅有利于企业长期发展，也有助于整个市场的健康发展。诚信是商业社会的基石，只有在诚信的基础上，企业才能够赢得消费者的信任和支持，实现可持续发展。因此，企业应当将促销信用视作重要的经营理念和价值观，不断加强自身的信用建设，积极维护市场秩序，共同营造良好的商业环境。

4. 服务信用

服务信用要求企业必须严格按照所承诺的服务标准履行服务承诺。具体来说，企业在提供服务时，必须准时提供产品，按约定提供售后服务，并在需要时实现产品的换货或退货。在这一过程中，企业还必须保持与约定相符的服务态度和服务效率，确保顾客获得满意的服务体验。服务信用的建立不仅有助于增强企业的市场竞争力，提升顾客满意度，还能够树立企业良好的品牌形象，促进长期可持续发展。

5. 内部信用

企业内部信用涉及公司对员工所作出的各种承诺的兑现，包括工作环境、薪资、晋升机会等方面。要确保良好的内部信用，企业需要履行以下责任：

（1）企业必须按时支付员工的薪资，这是对员工最基本的承诺之一。无论是定期工资还是额外的奖金，都应当按照约定的时间准时发放，以维护员工的合法权益，增强员工对企业的信任。

（2）企业应当按照约定的计量方法计算员工的薪资，确保工资的计算公正透明。公平的薪资计算是维护员工权益的关键，也是建立良好内部信用的重要步骤。

（3）企业应为员工提供符合约定的工作环境。这包括安全、健康的工作条件，舒适的工作场所以及必要的工作设施等。通过提供良好的工作环境，企业可以增强员工的工作满意度和归属感。

（4）企业还应为员工提供公平的竞争和晋升机会。员工应当有平等的机会根据个人能力和表现获得晋升。公平的晋升机制可以激发员工的积极性，提升整体团队的凝聚力和战斗力。

（5）企业应为员工提供学习培训计划，帮助他们提升个人价值。通过不断提升员工的专业能力和技能水平，企业可以增强员工的职业发展动力，提高员工的工作绩效和生产力。

6.公众信用

企业公众信用是指企业在社会公众眼中所展现的行为与其所宣称的身份、标准以及应承担的责任之间的一致性。要树立良好的公众信用，企业需要从以下方面入手：

（1）企业应建立健全危机处理程序，以应对突发事件，确保在危机发生时能够妥善处理，维护企业形象和利益。

（2）积极控制和减少环境污染，履行企业的环保责任，为环境保护事业作出积极贡献。

（3）企业的日常行为不能对周边居民的正常生活造成负面影响，应尊重社区利益，与社区共同发展。

（4）企业在宣传中提及的公益行为应得到积极落实，确保不仅言传身教，还要言行一致。

（5）企业应积极参与各类公益活动，为社会发展和改善民生贡献力量，展现企业的社会责任担当。

（6）企业应当承担其在社会中的责任，不仅要追求经济利益，还要关注社会责任，为社会稳定和谐发挥积极作用。

只有企业在各方面都展现出高度的诚信和责任感，积极参与公益事业，有效应对危机，才能够树立起良好的公众信用形象，赢得社会和公众的信任和尊重。

（二）企业诚信的管理措施

1.增强企业诚信文化建设

"诚信是商业企业可持续发展的必备品质"❶，企业诚信文化建设是企业

---

❶ 邱涛.商业企业诚信文化建设研究[J].山东纺织经济,2013(8):22.

管理的重要组成部分，它不仅关系到企业的形象和声誉，更是企业长期稳定发展的基石。具体如下：

(1) 诚信理念的宣传教育。

第一，企业内部的宣传方式。企业可以通过多种渠道和方式进行诚信理念的宣传。首先，内部会议和培训是最直接的宣传方式，企业可以在定期的员工大会、部门会议中强调诚信的重要性，并通过案例分析等形式让员工深刻理解诚信的价值。其次，企业可以利用内部网络平台，如企业社交网络、内部邮件系统等，发布与诚信相关的资讯、文章和视频，使员工在日常工作中随时受到诚信文化的熏陶。此外，企业还可以通过设置诚信标语、海报等形式，在办公区域、生产车间等场所进行诚信文化的可视化宣传，营造浓厚的诚信氛围。

第二，诚信教育的培训方法。企业应定期开展诚信教育和培训，以提高员工的诚信意识和行为水平。培训内容可以包括诚信的基本概念、企业诚信文化的具体要求、相关法律法规知识等。培训方法应多样化，除传统的课堂讲授外，还可以采用角色扮演、模拟演练、小组讨论等互动性强的方式，使员工在参与中学习和体验诚信的重要性。此外，企业还可以邀请行业专家、法律顾问等进行专题讲座，分享诚信经营的经验和案例，提升员工的诚信素养。

(2) 树立企业价值观。

第一，"两个至上"价值观的内涵。"两个至上"即"国家利益至上、消费者利益至上"，这一价值观体现了企业在追求经济效益的同时，不忘承担社会责任和道德责任。国家利益至上要求企业在经营活动中始终维护国家法律法规的尊严，保护国家的经济安全和社会稳定；消费者利益至上则要求企业以提供优质产品和服务为核心，保障消费者的合法权益，赢得消费者的信任和支持。

第二，价值观在企业中的体现。企业价值观应贯穿于企业的各项决策和日常运营之中。在决策层面，企业应将"两个至上"作为决策的基本原则，确保企业发展方向和战略规划符合国家利益和消费者利益；在运营层面，企业应将诚信理念融入产品研发、生产、销售等各个环节，通过提供优质的产品和服务，实现消费者利益的最大化。此外，企业还应通过公益活动、环保行动等方式，积极履行社会责任，展现企业的良好形象。

(3) 企业媒体的作用。

第一，媒体在宣贯企业文化中的功能。企业媒体是企业文化建设的重要工具，它不仅能够传播企业的价值观和理念，还能够增强员工的归属感和认同感。企业媒体可以通过新闻报道、专题访谈、员工故事等形式，展现企业诚信经营的实践和成果，使员工感受到诚信文化的力量和价值。同时，企业媒体还可以作为企业与外部沟通的桥梁，通过发布企业新闻、行业动态等内容，树立企业正面形象，增强公众对企业诚信经营的认知和信任。

第二，媒体与员工互动的形式。企业媒体应注重与员工的互动，鼓励员工参与到企业文化的传播和建设中来。企业可以通过设置员工专栏、开展创意征集活动等方式，让员工分享自己的诚信故事和感悟，形成良好的互动氛围。此外，企业还可以利用社交媒体平台，如微信、微博等，建立与员工的沟通渠道，及时了解员工的意见和建议，增强员工的参与感和满足感。通过这些互动形式，企业媒体不仅能够传播诚信文化，还能够促进员工之间的交流和团队精神的建设。

2. 依法依规诚信经营

"企业要发展，要基业常青，就必须做到依法治企、依法经营、合规经营、诚信经营，才能不断地提高企业的活力和竞争力，让企业处于不败之地。"❶依法依规诚信经营是企业可持续发展的基础，它不仅体现了企业对法律的尊重，也是企业履行社会责任的体现。具体如下：

(1) 法律法规的遵守。

第一，国家法律法规的遵守情况。企业作为社会的组成部分，必须严格遵守国家的法律法规。这包括但不限于《中华人民共和国公司法》《中华人民共和国合同法》《中华人民共和国劳动法》和税法等。遵守法律法规不仅是企业合法经营的前提，也是企业赢得市场和消费者信任的关键。企业应当建立完善的合规体系，确保所有经营活动都在法律框架内进行。例如，企业应当依法纳税，保障员工合法权益，遵守环保法规等。此外，企业还应当关注法律法规的更新和变化，及时调整经营策略和行为，避免因违法而受到处罚

---

❶王学军. 浅谈依法治企助力企业基业常青 [J]. 管理学家，2014(14)：663.

或损害企业声誉。

第二,行业内部监管的遵循。除了国家法律法规,企业还应当遵循行业内部的监管规定和标准。这些规定和标准往往是对国家法律法规的补充和细化,旨在规范行业内企业的行为,保护消费者权益,促进行业健康发展。企业应当了解并遵守这些行业规定,如质量标准、安全生产规定、行业道德准则等。通过遵循行业内部监管,企业不仅能够提升自身的竞争力,还能够为行业的稳定和繁荣作出贡献。

(2)员工道德准则的建立。

第一,行为要求的制定与执行。企业应当建立一套完善的员工道德准则,明确员工在工作中应当遵守的行为规范。这套准则应当包括诚实守信、公平竞争、尊重他人、保护公司利益等内容。企业不仅需要在员工入职时对其进行培训和教育,还应当定期组织相关的培训和讨论,强化员工的道德意识。同时,企业还应当建立一套有效的监督和奖惩机制,对遵守道德准则的员工给予表彰和奖励,对违反道德准则的员工进行处罚,确保道德准则得到有效执行。

第二,商业贿赂与欺诈的防范。商业贿赂和欺诈是企业经营中的重大风险,不仅违法,还会严重损害企业的声誉和市场地位。因此,企业必须采取有效措施进行防范。首先,企业应当明确规定禁止任何形式的商业贿赂和欺诈行为,并将这些规定纳入员工道德准则中。其次,企业应当建立严格的财务和审计制度,对商业交易进行监督和审查,防止不正当交易的发生。此外,企业还可以通过建立举报机制,鼓励员工和合作伙伴揭露贿赂和欺诈行为,保护企业的合法权益。

3.优化诚信机制体系

完善诚信机制体系是企业实现长期稳定发展的重要保障,它涉及企业内部管理的各个方面,从组织结构的建立到产品质量与服务的提升,再到市场网络机制的构建,每一个环节都是构建企业诚信体系的重要组成部分。具体如下:

(1)企业诚信管理部门的设立。

第一,组织结构的建立。企业应当设立专门的诚信管理部门,负责全面推进企业的诚信建设工作。这个部门应当具备明确的职责和权限,包括制定和执行诚信管理制度、监督企业内部的诚信行为、处理诚信问题和投诉、组织诚信培训和宣传等。组织结构的建立应当科学合理，确保诚信管理部门能够有效地协调和整合企业内部资源，形成推进诚信建设的强大合力。

第二，管理制度体系的完善。企业应当建立一套完善的诚信管理制度体系，包括诚信行为准则、诚信评价机制、诚信激励和惩戒措施等。这套制度体系应当覆盖企业的所有业务领域和工作环节，明确规范企业和员工的诚信行为标准。同时，企业还应当根据实际情况，不断修订和完善相关制度，以适应市场和法规的变化，确保诚信管理制度的时效性和有效性。

(2) 产品质量与服务质量。

第一，质量标准与管理流程。产品质量和服务是企业诚信的直接体现。企业应当建立严格的质量标准，确保产品从设计、生产到销售的每一个环节都符合国家标准和行业标准。同时，企业还应当建立科学的质量管理体系，通过标准化的管理流程，确保产品质量和服务的稳定性和可靠性。这不仅能够提升企业的市场竞争力，还能够赢得消费者的信任和支持。

第二，售后服务的加强。优质的售后服务是提升企业诚信度的重要手段。企业应当建立完善的售后服务体系，提供及时、专业、人性化的服务，解决消费者在购买和使用产品过程中遇到的问题。通过加强售后服务，企业不仅能够提升消费者的满意度和忠诚度，还能够收集到宝贵的市场反馈信息，为企业的持续改进和发展提供支持。

(3) 市场网络机制的构建。

第一，"四位一体"协作模式。企业应当构建"四位一体"的市场网络机制，即企业、供应商、分销商和消费者之间的紧密协作。通过这种协作模式，企业可以与各方共享资源、信息和利益，形成互利共赢的市场环境。企业应当通过建立长期稳定的合作关系，促进供应链的高效运作，提升产品和服务的质量和效率。

第二，市场环境的营造。企业应当积极参与市场环境的营造，通过诚信经营、公平竞争、创新服务等手段，推动市场的健康发展。企业应当通过参与行业标准的制定、参与公益活动、发布诚信报告等方式，展现企业的诚信形象，树立行业的良好典范。同时，企业还应当关注市场动态，及时调整经营策略，适应市场的变化和发展。

4.营造良好的诚信环境

营造良好的诚信环境是确保企业健康发展和市场经济秩序稳定的社会基础。这不仅需要企业自身的努力,还需要政府、行业协会以及企业间的相互合作与自律。具体如下:

(1)政府的宏观调控。

第一,法律法规的完善。政府在营造诚信环境中扮演着至关重要的角色,其作用之一便是通过法律法规的完善来规范市场行为。政府应当不断审视现有的法律法规,针对新出现的问题和挑战,及时修订或制定相关法律,确保法律法规的时效性和适应性。例如,随着互联网经济的发展,个人信息保护、网络交易安全等问题日益突出,政府需要出台相应的法律法规来规范这些新兴领域的市场行为,保护消费者权益,维护市场秩序。

第二,失信惩戒的加强。除了法律法规的完善,政府还需要加大对失信行为的惩戒力度。这可以通过建立失信联合惩戒机制来实现,对违法违规、失信行为的企业或个人进行公示,并采取限制市场准入、取消优惠政策、限制参与公共资源交易等措施,增加失信成本,形成有效的威慑力。通过这种方式,政府可以促进企业自觉遵守法律法规,自觉维护市场秩序,从而营造一个公平、公正的市场环境。

(2)行业协会的监管作用。

第一,行业协会的职责。行业协会作为连接政府和企业的桥梁,对于营造诚信环境具有不可替代的作用。行业协会应当承担起行业自律、行业标准制定、行业信息公开、行业教育培训等职责。通过这些职责的履行,行业协会可以引导企业遵守行业规范,提升行业整体的诚信水平。

第二,营造诚信环境的措施。行业协会可以通过多种措施来营造诚信环境。例如,协会可以组织会员企业签订诚信公约,共同承诺遵守行业规范,维护公平竞争的市场环境。协会还可以定期开展诚信宣传活动,提高企业的诚信意识。此外,协会应当建立行业信用评价体系,对企业的诚信行为进行评价和监督,对失信企业进行惩戒,对诚信企业进行表彰和奖励。

(3)自律公约的实施。

第一,自律公约的内容。自律公约是行业内企业为了共同维护行业秩序、提升行业整体形象而自愿签订的一种自律性文件。以《中国金融租赁行业自律公约》为例，其内容通常包括遵守国家法律法规、维护行业公平竞争、保护消费者权益、加强内部风险管理、提高服务质量等条款。这些条款旨在引导企业自觉规范经营行为，提升行业整体的诚信水平。

第二，自律公约对企业经营的影响。自律公约的实施对企业经营具有重要影响。主要有以下几点：①它能够提升企业的诚信意识和自我约束能力，促使企业在经营活动中自觉遵守法律法规和行业规范；②通过自律公约的实施，企业可以建立起良好的行业形象，增强消费者和社会的信任，从而提升企业的市场竞争力；③自律公约还可以促进行业内的公平竞争，防止恶性竞争和不正当竞争行为，为企业创造一个稳定、有序的市场环境。

(三) 企业诚信经营的意义

企业诚信的经营在当代社会经济生活中具有重要的地位和作用。它不仅是维护市场秩序、建设和谐社会的有效途径，也是增强企业竞争力、履行对消费者责任的重要内容。

(1) 企业诚信经营是维护社会主义市场经济秩序的有效做法。在市场经济体系中，企业和消费者之间形成了相互依存、互利共赢的关系。企业如果能够诚实守信，按照约定提供产品和服务，就能够增强消费者的信任，维护市场秩序的稳定和健康发展。在社会主义市场经济中，诚实守信是法治社会和信用经济的重要组成部分，能够有效促进市场经济的有序发展。

(2) 企业诚信经营是建设和谐社会的必然要求。在和谐社会建设中，诚信是一个重要的价值观念，也是社会公德的基石。企业作为社会的一部分，应当树立诚信意识，兑现服务承诺，履行社会责任，为社会的和谐发展贡献力量。只有在诚实守信的基础上，企业才能够与消费者、社会形成良好的互动关系，共同构建和谐社会。

(3) 企业诚信经营是增强企业竞争力的强大力量。在市场竞争日益激烈的环境下，企业的信誉和形象成为重要的竞争优势。诚信经营不仅可以树立良好的企业形象，还能够增强消费者对企业的信任度，提高品牌忠诚度，从而有效提升企业的市场竞争力。一个以诚信为本的企业，在长期发展过程中能够赢得更多消费者的认可和支持，从而在市场竞争中处于有利地位。

(4) 企业诚信经营是企业对消费者负责的重要体现。在当今社会，消费

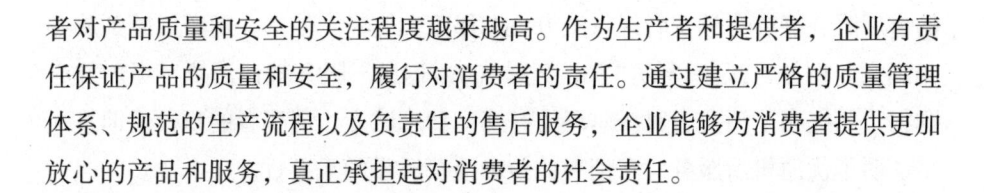

者对产品质量和安全的关注程度越来越高。作为生产者和提供者，企业有责任保证产品的质量和安全，履行对消费者的责任。通过建立严格的质量管理体系、规范的生产流程以及负责任的售后服务，企业能够为消费者提供更加放心的产品和服务，真正承担起对消费者的社会责任。

四、产品售后服务责任

售后服务在现代商业中扮演着至关重要的角色，它不仅是购买商品后的一项服务活动，更是企业与消费者之间建立长期关系的重要环节。从推销工作的角度来看，售后服务不仅是一种对产品的保障，更是一种促销手段，能够增强消费者对企业的信任度，促进产品的销售。

售后服务在企业维持和扩大市场份额方面已经变得至关重要。电商平台如天猫、京东等强调服务质量对消费者满意度的重要性。商品的保修和售后服务规定可以增加顾客的信任和购买意愿。事实上，优质的售后服务已经成为品牌经济的核心，尤其是在名牌产品方面表现得更为突出。名牌产品通常在售后服务方面考虑得更为周全，这也是其价格相对较高的原因之一。消费者日益重视售后服务，这直接影响了他们对产品的选择。因此，企业必须在售后服务方面投入更多的资源和精力，以确保消费者的满意度和忠诚度，从而巩固并扩大其市场份额。在当今竞争激烈的市场环境中，售后服务已经不仅是一项附加服务，更是构建品牌形象、赢得消费者信任的一种重要手段。

（一）重视售后服务责任

售后服务在现代商业运作中的地位越发凸显，已然成为企业保持竞争优势和获得消费者认可的重要手段。具体如下：

（1）随着消费的不断升级和消费者对服务质量需求的不断上升，售后服务质量已成为影响消费者购买行为的关键因素之一。在这个信息爆炸的时代，消费者对产品质量和服务质量的要求越来越高。企业若能够提供优质的售后服务，不仅能够满足消费者的需求，更能够树立起良好的企业形象，增强消费者对企业的信任感和忠诚度。

（2）重视售后服务责任有助于提升消费者的消费体验和消费质量。优质的售后服务能够为消费者提供全方位的保障和支持,使其在购买后感到放心和满意。例如,沃尔玛的"省心新鲜100%退款"服务就让消费者更加放心购物,并提高了消费者对沃尔玛的好感度和忠诚度。消费者的积极反馈进一步证明了优质售后服务对于消费体验和消费质量的重要性。

(3)有效的售后服务可以降低企业的营销成本。研究显示,企业争取一个新客户的成本是保留一个老客户的7~10倍。因此,企业必须采取措施尽最大努力维系客户,防止客户流失。优质的售后服务能够挽留老客户,降低客户流失率,从而降低企业的营销成本。这不仅有利于企业降低运营成本,提升利润水平,也为企业提供了更多的发展机会和空间。

(二)提升售后服务品质

1. 完善售后服务系统

随着互联网和信息技术的飞速发展,市场竞争日益激烈,顾客对于售后服务的需求也变得越来越多样化和迫切。因此,企业亟须建立完善的售后服务系统,以满足顾客的需求,提升企业的竞争力和客户满意度。

(1)建立系统平台。企业需要搭建一个高效、便捷的在线平台,让顾客可以方便地查询售后服务信息、提交问题、提出建议等。这个平台应该具备用户友好的界面设计,清晰明了的功能模块,以及快速响应的系统性能,从而为顾客提供良好的使用体验。

(2)完善在线服务。企业可以通过在线客服系统、电话咨询热线等方式,为顾客提供及时、专业的咨询和解决方案。这种在线服务应该具备全天候的服务时间,让顾客可以随时随地获得帮助和支持,提高售后服务的时效性和便捷性。

(3)培训专业的客服人员。企业需要对客服人员进行系统的培训和考核,使其具备丰富的产品知识、良好的沟通技巧和解决问题的能力,从而能够为顾客提供高效、专业的售后服务。只有这样,企业才能够在竞争激烈的市场中脱颖而出,赢得顾客的信任和支持。

2. 了解顾客服务需要,进行市场调研分析

在当今竞争激烈的商业环境中,了解顾客的服务需求并进行深入的市场调研分析是企业成功的关键。正如服务质量差距模型所揭示的,服务提供

者与消费者之间的认知差异往往源于对消费者需求的不充分理解。为了缩小这一差距,企业必须采取积极的措施,深入了解顾客的真实需求,从而提供更加精准和令人满意的服务。

(1)消费者调查是获取顾客需求信息的基础。企业可以通过全面调查来收集广泛的数据,这有助于企业从宏观层面了解市场趋势和顾客的普遍期望。同时,通过及时的满意度调查,企业能够针对特定的服务或产品收集顾客的反馈,为改进服务提供直接依据。此外,消费者访谈能够提供更为深入的见解,帮助企业理解顾客的具体需求和偏好。

(2)重视顾客抱怨对于提升服务质量至关重要。顾客的抱怨往往是对服务不满的直接表达,通过认真处理这些反馈,企业能够及时发现并解决问题,避免潜在的负面影响。然而,值得注意的是,并非所有不满意的顾客都会提出抱怨,因此,企业应当主动鼓励顾客表达他们的不满,通过建立易于访问的反馈渠道,让顾客感到他们的声音被听到和重视。

(3)坦诚的服务沟通是建立良好顾客关系的关键。通过建立双向沟通机制,企业不仅能够更好地理解顾客的需求,还能够向顾客传达服务理念和价值。这种沟通应当是持续的,不仅是在服务时,也应该在服务后提供。通过这种方式,企业能够持续收集顾客的反馈,不断优化服务流程和提升服务质量。

3. 管理层重视参与,完善服务规范

管理层重视参与,制定服务规范是企业提供优质服务的关键环节。一旦企业了解了顾客的期望和感受,就应该利用这些信息来制定相应的服务标准,确保提供顾客满意的服务。服务质量标准应当充分反映管理层对顾客服务的重视程度,减少标准与实际服务之间的差距。然而,这一过程需要管理层高度重视,并付诸实际行动。

(1)管理层必须愿意接受因提高服务质量而带来的困难和成本增加。只有当管理层将提高服务质量作为首要任务,并愿意为此付出必要的代价时,优质服务才有可能实现。管理高层的决心和支持至关重要,必须让一线服务人员感受到这种决心,才能真正推动他们为提升顾客服务质量而努力奋斗。

(2)制定服务标准时必须清晰具体并能够量化。服务标准应当能够直接指导员工的工作,使其能够明确自己的工作职责和要求。只有明确的服务标准才能帮助员工更好地理解和接受，并且将其融入日常工作中。

（3）员工应当参与制定服务标准的过程。让员工参与制定服务标准，可以增强他们的责任感和归属感，使其更愿意全力以赴为实现这些标准而努力。如果服务标准是由管理层单方面制定并强行推行的，可能会引起员工的抵制和不满，从而影响到服务质量的提升。

4. 进行内部营销，提高员工售后服务能力

企业的服务质量与员工密切相关，员工的素质和能力直接影响着企业的服务水平和顾客满意度。因此，通过内部营销来激发员工的积极性和提高他们的服务水平成为现代企业管理的重要策略之一。

内部营销是指企业针对员工的营销活动，其核心目标是提升员工的满意度和忠诚度，进而影响他们提供的服务质量。这一概念起源于西方，旨在通过满足员工的需求、激发员工的工作动力和创造积极的工作氛围，提高员工的服务态度和技能水平。

内部营销与外部营销不同，外部营销主要针对顾客，而内部营销则是针对员工。通过内部营销，企业可以向员工传达企业文化、价值观和服务理念，引导员工认同企业的目标和使命，激发他们的归属感和责任感，从而增强其对企业的忠诚度和服务意识。

内部营销和内部服务质量对外部服务质量有着重要影响。员工的满意度与提供的服务质量密切相关，满意的员工往往能够提供更高水平的服务，从而影响顾客的满意度和忠诚度。因此，通过搞好内部营销，可以提高员工的满意度，进而提升他们提供的服务质量，从而实现企业的长期发展，树立竞争优势。

5. 建立健全售后评价体系

将顾客售后评价纳入员工绩效评价，不仅能够督促员工更好地与顾客沟通，还能够激励员工提供更积极、热情、耐心的服务，从而塑造企业优质的服务形象。在建立这一体系时，需要从多个方面加以考虑。

（1）员工应当明白售后服务的重要性以及基本内容。售后服务主要包括两方面的内容：一是提供售后使用指导和回访服务，二是及时处理问题和解答顾客的疑惑。优秀的员工不仅要掌握售后服务的理论知识，更要具备解决问题的实际能力，确保顾客在使用产品过程中得到及时的帮助和支持。

（2）在进行售后服务时，员工需要秉持积极的态度和行为准则。例如，"要热情、要快捷、要专业"，同时要避免推诿，避免与顾客发生正面冲突，避免忽视顾客的抱怨等。这些态度和行为规范能够有效地提升售后服务的质量，增强顾客的满意度和忠诚度。

（3）企业在建立售后评价体系时应该多角度考虑问题，既要从顾客的角度出发，满足他们的需求和期望，又要从企业长远发展的角度考虑，注重与顾客的长期合作关系。这意味着企业需要投入更多的人力、物力和财力，在售后服务方面进行持续的改进和提升，真正使顾客在使用产品的过程中获得更多的享受和满足。

第三节　企业对环境的社会责任分析

一、企业社会责任中环境保护责任的内容

企业社会责任中的环境保护责任主要包括以下两个方面。

（一）产品绿色化

产品绿色化作为企业社会责任的重要体现，已经成为企业可持续发展的重要策略之一。在当前全球环保意识不断提升的背景下，绿色产品的研发、生产和推广已经成为企业发展的必然选择。

（1）产品绿色化要求企业将绿色需求作为研发和设计的主导方向。这意味着企业在产品的设计过程中要注重资源的有效利用和废弃物的有效处理，致力于降低对环境的负面影响。清洁生产是产品生产过程中的关键环节，企业需要采取一系列措施，减少生产过程中的能源消耗和污染排放，实现资源的最大化利用和环境的最小化影响。

（2）产品绿色化要求企业在产品的包装、运输和销售环节也要符合环保要求。包装应当符合可循环和可生物降解的要求，减少对环境的污染和对资源的浪费。在产品运输和销售过程中，企业应当采取节能减排、减少碳排放的措施，积极倡导绿色消费理念，引导消费者选择环保产品。

另外，绿色标志的认证申请也是产品绿色化的重要步骤。绿色标志是

绿色产品的重要品牌策略，它代表着产品从生产到回收处理的整个过程均符合环保要求。企业应该重视绿色标志的认证申请工作，通过获得绿色标志认证，提升产品的市场竞争力，树立企业良好的环保形象。

(二) 保护与治理环境并重

保护与治理环境并重是企业应尽的责任和义务。我们唯一拥有的地球是我们共同的家园，而企业作为地球的一分子，必须积极参与环境保护和治理。在生产经营中，企业应当始终将环境保护放在重要位置，采取有效措施减少对环境的影响。

(1) 企业应当采用生态生产技术，以最大限度地减少对环境的污染。这意味着在生产过程中，企业应当选择清洁、高效的生产技术，减少排放和废物产生，最大限度地保护环境资源。

(2) 对于生产过程中产生的废水、废气和固体废弃物"三废"，企业应当及时有效地处理。这不仅是对环境负责，也是对社会和公众负责。企业应当建立健全废物处理系统，确保废物得到安全、合法的处理，防止对周围环境造成污染。

对于已经污染环境的企业，更应采取切实有效的措施来治理环境。企业不能推卸责任，更不能做出转嫁生态危机的不道德行为。相反，企业应当承担起自己的责任，积极采取措施净化环境，修复受损的生态系统，为地球的健康和可持续发展作出贡献。

二、企业社会责任中环境保护责任的重要性

(一) 有助于保护资源和环境，实现可持续发展

企业履行环境保护责任是企业作为社会公民应尽的重要责任之一，也是推动可持续发展的关键举措。通过履行环境保护责任，企业可以有效地保护资源和环境，实现经济、社会和环境的协调发展。

(1) 企业通过技术革新和创新管理，可以有效减少生产活动对环境可能造成的污染。采用清洁生产技术和环保设施，减少排放和废弃物的产生，是企业履行环境保护责任的重要举措。此外，通过节能减排、资源循环利用等

方式，降低能耗、节约资源，不仅有助于保护环境，还能降低企业的生产成本，提高生产效率和竞争力。

（2）企业可以通过开展公益事业和参与社区建设来共同保护环境。企业可以投资建设环保设施，如污水处理厂、废物处理中心等，为社区提供清洁的生产生活环境。同时，企业还可以积极参与社区环境保护活动，开展植树造林、垃圾分类、环境宣传等公益项目，提升社区居民的环保意识，促进社区和谐发展。

（3）企业履行环境保护责任还可以缓解城市经济发展与环境污染之间的矛盾。随着城市化进程的加快，工业企业集中地的城市经济发展与环境污染之间的矛盾日益突出。企业积极履行环境保护责任，可以有效降低环境污染，改善人居环境，缓解城市环境恶化问题，促进城市可持续发展。

（二）对自身的发展有促进作用

企业履行环境保护责任对于自身发展具有重要的促进作用。过去，企业普遍认为缩减成本是提高利润的关键。然而，随着对环境问题认识的深入，这种观念正在发生根本性的变化。采取环境保护对策不仅可以改善企业形象，而且成为开拓产品销路的重要因素。环保产品更受消费者青睐，而资源循环利用也大幅降低了生产成本。此外，企业与周边自然环境和当地社区的和谐相处，为企业的发展拓展了更广阔的空间。当前，全球企业都意识到了环境保护的紧迫性和重要性。履行环境保护责任不仅有助于企业规避风险，还能够创造利润。因此，履行环境保护责任并非单纯的成本投入，而是可以为企业带来实实在在的经济收益。

对企业而言，承担环境保护责任实际上是一件"名利双收"的好事。通过履行环境保护责任，企业不仅可以提升自身形象和市场竞争力，还可以满足消费者对环保产品的需求，实现长期的可持续发展。因此，企业应当认识到环境保护对于自身发展的重要意义，积极采取措施履行环境保护责任，实现经济效益与社会效益的双赢。

三、企业社会责任中环境保护责任缺失的防治对策

随着全球经济的发展，大气、水和海洋的污染已经成为严重的问题，对野生动植物生存造成了威胁,同时过度的森林砍伐和矿产开采也在威胁着人类的生存和发展。环境问题不仅是一国或一地区所面临的,而是全球性的挑战,需要所有国家的合作和行动。而且,环境问题已经成为经济发展的瓶颈,要想持续发展,就必须认真对待环境保护责任,采取多方面的措施来避免责任缺失。

(一)企业自身要练好内功

(1)推广清洁生产和绿色技术成为主要举措,企业积极采用新技术减少废物排放和资源消耗。大规模使用清洁能源,如太阳能和风能,建立生态化生产体系,从根本上减少对环境的负面影响。同时,转向绿色产业不仅调整了产业结构,也优化了生产工艺,生产出更环境友好的产品。另外,通过节能降耗,提高资源和能源利用效率,进一步降低了对自然资源的消耗。

(2)在法律意识与合规经营方面,企业越来越重视守法经营,避免环境破坏和污染。为此,许多企业开始招聘专业法律顾问,建立健全环境管理体系,确保企业各项活动符合法律法规和环境保护要求。这种做法不仅可以有效规避法律风险,还可以增强企业的社会责任感,提升公众形象。通过合规经营,企业不仅可以避免法律纠纷,还能更好地维护环境和社会的稳定,为可持续发展作出积极贡献。

(3)企业要主动引入WTO与环境保护相关的法律政策,积极与国际接轨。这包括改变过去侧重于解决突发性事件的应急方式,建立健全长期环境保护法律管理制度。同时,企业还应主动学习借鉴国外企业在履行环保责任方面的经验,避免重复犯错,提升自身环境管理水平。

(二)国家政府部门应强化治理

(1)国家应当根据当前社会的实际情况,对现有的环境保护法律法规进行修订,以满足社会对环境保护的新要求。这包括制定更为严格的污染物排放标准和汽车尾气排放标准等措施,以确保环境保护工作能够跟上社会的发展步伐。

(2)国家应当加大环境执法力度和惩处力度。在完善环境保护法律体系的同时,要加大法律法规的执行力度。应当赋予环保执法部门更大的执法权力，对于违反环保法律法规的企业必须严惩不贷，决不能姑息。同时，还要严惩监管不力的政府组织和地方政府，以形成对环境保护工作的有效监督和管理。

(三) 社会大众应认真监督

在现代社会，企业的行为不仅关系到其自身的发展，也直接影响着社会的可持续发展。因此，社会大众在推动企业负责任经营方面扮演着不可或缺的角色。通过积极参与监督，公众可以促进企业更加注重环境保护和社会责任，共同维护一个健康和谐的社会环境。

(1) 公众监督是一种有效的社会自律机制。当公众发现企业存在破坏环境或其他不当行为时，可以通过各种渠道向相关部门或机构报告情况。这种自发的监督行为有助于及时发现问题，促使企业认识到其行为的不当之处，并采取措施进行改正。通过这种方式，公众不仅保护了环境，也维护了社会的公共利益。

(2) 公众监督可以提高企业的透明度。在公众的监督下，企业更倾向于采取负责任的经营行为，因为它们知道任何不当行为都可能受到公众的关注和批评。这种压力促使企业更加注重自身的形象和声誉，从而在日常运营中自觉遵守法律法规，积极履行社会责任。

(3) 公众监督还能够促进政策的完善和执行。当公众通过监督发现企业违规行为时，不仅可以推动企业及时整改，还可以为政府提供宝贵的信息和反馈。这有助于政府更好地了解实际情况，制定或修订相关政策，加大监管力度，确保法律法规得到有效执行。

(4) 公众监督有助于提升社会整体的环保意识和责任感。当公众积极参与监督企业行为时，不仅能够直接改善环境问题，还能够通过社会舆论引导更多人关注环保和社会责任。这种广泛的参与和关注，有助于形成全社会共同维护环境的良好氛围，推动社会向更加绿色、可持续的方向发展。

第四节 企业对其他利益相关方的社会责任分析

企业作为社会经济活动的基本单元,其承担的社会责任不仅源于其经济本质,更是现代社会对其提出的必然要求。企业在追求经济效益的同时,也应当关注其对社会、环境和利益相关者的影响。企业社会责任的履行,是企业内在属性的体现,也是其与外部世界互动的重要方式。

一、企业对供应商承担的社会责任

(一)供应商社会责任的界定

在现代市场经济中,供应商扮演着不可或缺的角色。他们不仅是企业的原材料提供者,更是与企业共同成长、相互依存的合作伙伴。供应商的选择与管理直接影响着企业的生产效率、产品质量和市场竞争力。

诚信经营是建立长期稳定合作关系的基石。在商业往来中,遵守契约、信守承诺是企业应尽的责任。只有双方信任基础稳固,才能实现合作共赢的局面。近年来,越来越多的企业意识到,与供应商之间的合作不仅是一种交易关系,更是一种战略合作。与供应商建立起基于互信、互利的合作关系,不仅能够降低企业的采购成本,还能够提高生产效率,保障产品质量,从而提升企业的竞争力。

在市场竞争日益激烈的环境下,企业与供应商之间的合作不仅停留在采购层面,更多的是在产品研发、设计等环节展开合作。供应商参与产品生产设计,可以更好地理解企业的需求,提供更加符合市场需求的产品和服务。这种紧密的合作模式不仅有助于缩短产品上市时间,更能够提高产品的创新性和市场适应性,为企业赢得更多的竞争优势。同时,企业也应该承担起对供应商的社会责任。除了按时支付货款、维护供应商的合法权益,企业还应该引导供应商积极参与社会责任实践。通过建立供应商社会责任评价体系,推动供应链的可持续发展,共同促进产业链的健康发展。只有通过企业与供应商之间的良性互动,共同承担社会责任,才能实现供应链的可持续发展,从而推动整个产业的良性发展。

（二）企业对供应商承担社会责任的必要性

在现代商业环境中，企业与供应商之间的合作关系越加密切，供应商作为企业生产制造的上游重要角色，其所提供的原材料、半成品直接影响着企业产品的质量和利润。因此，企业对供应商承担社会责任的必要性日益凸显。

（1）产品质量是企业社会责任的基石。企业必须确保产品质量达到标准，消除安全隐患，才能赢得消费者的信任，巩固市场地位，实现长期可持续发展。而供应商在产品设计与研发过程中的参与，对产品质量的改进至关重要。因此，企业与供应商须共同承担社会责任，确保产品质量和安全。

（2）企业对供应商的社会责任要求有助于提升供应链透明度和规范化水平。通过制定行为准则和监督体系，企业能够促使供应商遵守高水平的职业标准和劳动法规，从而避免不良行为对品牌形象的负面影响。这种规范化的合作关系有助于建立长期稳定的合作机制，保障企业正常运作和生产。

（3）企业应积极履行对供应商的应负责任。及时结算产品货款、完成订货量、建立长期合作机制等举措，有助于维护与供应商之间的良好关系，降低经营风险，确保生产运作的顺利进行。同时，真诚相待、尊重合作伙伴、提高企业信誉度也是关键。企业应在确保资金周转的前提下，尽早偿还对供应商的欠款，以提升企业形象和信誉度，进而获得更好的价格和合作条件。

（三）企业对供应商承担社会责任的基本类型

供应商在企业供应链中扮演着举足轻重的角色，对于企业的日常运营和长远发展具有决定性的影响。企业对供应商的精心选择和管理，不仅能够确保原材料的质量和成本效益，还能够为企业带来持续稳定的支持和服务，从而使自身在激烈的市场竞争中占据有利地位。通过与高质量的供应商建立稳固的合作关系，企业能够确保供应链的高效运转，这不仅有助于提升企业的生产效率，还能够增强企业的市场响应速度和客户满意度。稳定的供应商关系还能够帮助企业在面临市场波动和不确定性时，保持运营的连续性和稳定性，从而有效降低经营风险。

1. 企业对供应商强制性的责任

(1) 经济责任。企业与供应商之间的关系，不仅是合同的关系，还有一种责任的承担与实践。在这个复杂的商业环境中，经济责任是维系供应链稳定与良好合作的基石。而企业对供应商的经济责任，则是确保合作双方在商业交易中能够公平、合理地获益的体现。

第一，企业应当在合同中制定价格，充分考虑市场因素以及供应商的利益，制定合理的采购价格。这并不意味着企业应该单方面追求利润最大化而将采购价格压低，而应该在市场的基础上，尊重供应商的劳动成果和生产成本，确保双方在交易中能够获得公平的回报。

第二，企业应当认识到供应商也有社会责任，并在合作中予以充分的尊重和支持。供应商为了履行社会责任可能会增加额外的成本，例如环保投入、员工福利等，企业应当在与供应商的合作中，考虑到这些因素，并给予适当的支持和鼓励。只有这样，才能确保企业产品在设计、质量和环保方面能够得到消费者的认可，从而提升企业的竞争力和品牌形象。

第三，企业在维护自身合法利益的同时，也应该尊重供应商的利益，保障供应商的合法权益。在合作过程中，企业不应该只顾自身利益，而应该平衡好自身利益与供应商的利益，形成双赢的局面。对于供应商提出的有利于社会、环保和公益的意见和要求，企业应该认真倾听和积极配合，以促进整个供应链在社会责任履行上的良性循环，提升整个供应链的社会责任管理水平。

(2) 按时支付货款的责任。企业在履行社会责任的过程中，按时支付货款这种行为不仅体现了企业对供应商的尊重和公平交易的原则，也是企业诚信经营的重要体现。在市场经济自由、平等、公正、公开的环境下，企业应当充分认识到，维护供应商的利益与维护自身的利益同等重要。

第一，按时支付货款是企业对供应商承诺的兑现，是企业信用的体现。企业如果能够做到这一点，就能够建立起良好的商业信誉，这对于企业的长期发展极为有利。供应商在收到及时的货款后，能够更好地安排自身的资金流和生产计划，从而保证供应链的稳定和高效运转。这种稳定的合作关系，对于企业来说，是一种无形的资产，能够在市场竞争中为企业赢得更多的机遇。

第二，企业按时支付货款是对法律法规的遵守。法律法规的制定是为了规范市场行为，保护各方的合法权益。企业如果违反了这些规定，不仅会受到法律的惩罚，还会损害自身的声誉，影响与其他合作伙伴的关系。反之，企业如果能够严格遵守法律法规，就能够在市场中树立起正面的形象，为企业的可持续发展打下坚实的基础。

第三，企业履行按时支付货款的责任，是对机会成本的一种考量。虽然在短期内，企业可能会因为放弃一些非法的利益而面临一定的经济损失，但从长远来看，这种损失是值得的。企业通过合法经营，不仅能够避免违法行为带来的高昂成本，还能够通过建立稳定的供应链关系，实现资源的优化配置，提高企业的竞争力。

第四，企业按时支付货款的责任，是对社会公平正义的一种贡献。企业作为社会的一员，应当承担起推动社会公平正义的责任。通过公平交易、诚信经营，企业不仅能够促进自身的健康发展，还能够为社会的和谐稳定作出贡献。

（3）履行商业信用责任。在商业世界中，企业与供应商之间的关系是一种错综复杂的纽带，其稳固程度直接关系到企业的生存与发展。而在这种关系中，履行商业信用责任则是确保双方和谐共处的基石。从一个更加全面的角度来审视，我们可以看到，企业对供应商的责任不仅是一种道德和社会义务，更是一种战略性的举措，能够影响企业的成本、声誉和长远发展。

第一，企业与供应商之间并非完全对等的关系。契约的不完全性和信息的不对称性使供应商往往处于较为弱势的位置。如果企业无视商业信用责任，拖欠货款或者接受低质量产品，这不仅会导致供应商的利益受损，也会增加企业的经营成本。因为持续的不当行为会导致供应商质量下降，甚至中断合作，进而影响到企业的生产和经营。这种短视的行为不仅损害企业的声誉，也会增加未来合作的不确定性，最终影响企业的长期竞争力。

第二，履行商业信用责任对企业的经营活动具有积极的影响。通过建立稳定的合作关系，企业可以获得更好的供应保障和更有竞争力的价格。同时，供应商也会因为企业的信用良好而更愿意与之合作，提供更好的服务和支持。这种良性循环会带来双方共同的利益，并促进产业链上的价值增长。因此，企业履行商业信用责任不仅是一种社会责任，更是一种经营策略，有助于提升企业的整体竞争力和可持续发展能力。

2. 企业对供应商非强制性的责任

(1) 向供应商提供产品的反馈信息。企业与供应商之间的合作需要建立在充分的信息共享和互动基础上，任何隐瞒或不完整的信息都可能对双方造成不利影响。因此，在与供应商签订合作契约时，应该明确规定双方的信息交流机制，确保信息流畅无阻。这可以通过指定通信人员、定期召开信息交流会议等方式来实现，以确保双方对产品、服务等方面的需求和反馈能够及时传达和解决。此外，在建立合作契约时，更应注重双方的平等地位和共同参与。合作契约不应是一方单方面规定的，而应该是双方共同协商制定的，以确保双方的权益得到充分保障。随着合作的深入，合作契约也应随时根据实际情况进行调整和修改。因为商业环境和需求都在不断变化，只有及时调整合作契约，才能更好地适应市场的变化和双方的需求变化，保持合作的稳定性和可持续性。

向供应商提供产品的反馈信息不仅有助于供应商及时了解产品的不足之处，进行及时改进和优化，也能够提升产品的质量和性能，为企业带来更好的产品和服务。同时，通过及时地反馈信息，也能够加强企业与供应商之间的合作关系，增强彼此之间的信任和沟通，促进合作的持续发展。

(2) 向供应商提供一定的技术支持。向供应商提供技术支持是企业与供应商之间建立战略性合作关系的重要组成部分。这种支持不仅是简单的技术援助，更是一种深入合作的体现，旨在共同提升生产能力、改进产品质量，并加强双方间的合作关系，实现共赢局面。

技术支持的形式多种多样，涵盖了培训与教育、技术共享以及生产流程优化等方面。通过为供应商的员工提供专业培训，企业可以帮助他们了解和掌握先进的生产技术和管理方法，从而提升其生产水平和管理能力。此外，企业还可以与供应商共享自身的研发成果，为其提供技术支持，帮助其改进生产工艺或产品设计，从而提升产品的质量和竞争力。同时，企业还可以派遣专家团队到供应商的生产现场，与其合作优化生产流程，提高生产效率，降低生产成本。

技术支持对于供应商来说意义重大。它意味着供应商可以借助企业的技术力量和资源优势，提升自身的生产能力和技术水平，降低生产成本，提高产品质量和市场竞争力。通过技术支持，供应商可以更好地适应市场需求的变化，不断优化生产流程，提高生产效率，实现可持续发展。同时，技术支持也为供应商与企业建立了更为密切的合作关系，增强了彼此的信任和共识，为长期稳定的合作打下了坚实的基础。另外，技术支持对于企业自身的意义也不可忽视。通过向供应商提供技术支持，企业可以确保供应链的稳定性和可靠性，降低因供应商问题而导致的生产中断或产品质量问题。同时，技术支持还有助于企业巩固自身在产业链中的地位，提升竞争力，实现持续增长和发展。

（3）考虑供应商获得合理的利润。确保供应商获得合理的利润不仅是企业的社会责任，也是维护长期合作关系的关键。在商业合作中，供应商扮演着至关重要的角色，他们的利润水平直接影响到其可持续发展的能力和对合作的积极性。因此，企业应该重视供应商的利润情况，采取相应措施保障其获得合理的利润。

第一，理解合理利润的重要性。合理的利润不仅是供应商的经济收益，更是其可持续发展的基础。通过获得合理的利润，供应商可以保持稳定的经营状态，有能力进行技术创新和质量提升，从而提高产品的竞争力和市场地位。此外，合理的利润也可以激励供应商更好地服务客户，提高对合作的投入和热情，从而促进合作关系的持续发展。

第二，实现合理利润需要采取相应的途径。主要包括：①进行公平定价。在与供应商谈判时，企业应当考虑到供应商的成本和市场状况，制定公平的价格策略，确保供应商能够获得合理的利润。②建立长期合作协议。通过签订长期合作协议，企业可以为供应商提供稳定的订单，帮助其规划生产和投资，从而稳定其收入来源，确保获得合理的利润。③企业与供应商共同承担市场风险，通过成本共享机制，减轻供应商的负担，确保其获得合理的利润。

（四）企业对供应商承担社会责任的管理对策

1. 在产品开发阶段对供应商企业社会责任进行管理

大部分产品的环境影响在设计阶段就已经确定，因此，在产品设计之初，就必须考虑到企业的社会责任，并根据产品对环境的影响因素来进行合理选择。

（1）在原材料的选择上注重环保、无污染、可回收利用和可循环使用等方面。通过选择环保的原材料，可以降低产品生产过程中对环境的污染程度，减少对自然资源的消耗，从而保护环境。此外，选择可回收利用和可循环使用的原材料，不仅有助于减少废弃物的产生，还可以降低产品生命周期的环境影响，实现循环经济的发展目标。

（2）考虑产品使用寿命和报废后的处理对环境的影响。通过延长产品的使用寿命，减少产品的报废，可以减少废弃物的排放，降低对环境的负面影响。同时，合理设计产品的报废处理方式，采用环保的处理方法，可以最大限度地减少对环境的破坏，并实现资源的有效利用。

（3）在产品流通过程中，企业应尽可能地使用节约能源的产品，以降低能源消耗，减少对环境的压力。通过采用节能产品，可以降低生产过程中的能源消耗，减少二氧化碳等温室气体的排放，从而减缓气候变化的影响，保护生态环境。

2.考虑供应商的切身利益

企业在与供应商的合作中，不能仅仅考虑利益的博弈，而应该将整个供应链的利益纳入考量，通过调整利益分配，减轻供应商在员工福利、环保等方面的压力，从而实现供应链的共赢。

在当前我国的商业环境中，供应商往往处于相对弱势的地位，对于采购方的要求常常难以拒绝，但实际操作中却受到各种限制。因此，企业应该更加主动地考虑供应商所面临的实际困难，与其共同面对并解决问题，而不是简单地将责任推给供应商，导致其不得不通过欺骗等方式应对。建立起真正的合作伙伴关系，将供应商视为利益共同体的一部分，不仅有利于减少供应链的风险，也能增强企业的竞争力和可持续发展能力。

除了考虑利益分配，信息共享也是建立良好供应商关系的重要环节。企业应该与供应商建立起充分的信息交流沟通机制，实现理念和方法的创新，共同推进技术进步，分享价值，共同承担风险。只有通过信息共享和合作，才能更好地适应市场变化，提高生产效率，降低成本，从而实现供应链的优化和协同发展。

3. 对不同行业供应商进行不同管理

企业通常拥有各种类型的供应商，但由于不同行业供应商提供的产品和服务性质有所不同，因此，企业在管理这些供应商的社会责任时需要有针对性地进行区分和管理。

（1）针对制造型企业的供应商，企业的社会责任管理着重于对原材料的管理和控制，以及对产品制造过程中对环境产生影响的管理。这包括了对原材料的选择和采购，确保原材料的来源合法和环保，避免使用有害物质。同时，在产品制造过程中，企业需要关注生产工艺的环保性，降低对环境的污染，采取有效措施保护环境。此外，企业还需关注工作环境的管理，确保员工的工作条件和安全，提升员工的生产积极性和工作效率。

（2）对于物流企业的供应商，企业的社会责任管理则着重于运输方式、运输服务品质和客户满意度等方面。物流企业在运输过程中承担着产品的运输和配送任务，因此，企业需要关注运输方式的选择和运输过程的环保性，尽量采用低碳、节能的运输方式，减少对环境的负面影响。同时，企业还需关注运输服务的品质，确保货物能够准时、安全地送达目的地，提高客户的满意度和忠诚度。

4. 激励供应商承担社会责任

激励供应商承担社会责任是企业社会管理中的重要环节。然而，目前很多供应商对提升自身社会责任并不积极，主要是因为这需要额外的成本投入，而在短期内并不能获得明显的好处。为了促使供应商更加积极地承担社会责任，企业需要采取一系列措施，激励供应商参与和支持社会责任的推进。

（1）鼓励供应商提出有利于企业社会责任推进的方案，并给予相应的奖励和回馈。这种奖励可以使一部分节约的成本返还给供应商，从而降低其承担社会责任的额外成本压力，激发其积极性。通过这种方式，不仅可以节约资源，还能提高企业产品的社会竞争力，实现双赢局面。

（2）采取针对性的奖励措施，通过实际行动来引导供应商意识到积极承担社会责任的好处。这可以通过设立专项奖励计划，针对表现突出的供应商进行奖励，同时向其他供应商展示积极承担社会责任的重要性和益处，从而在潜移默化中促使更多的供应商加入社会责任推进的行列。

(3)通过与供应商的密切合作,共同探讨和解决承担社会责任的难题,共同推动社会责任的实践和落实。建立起与供应商之间的长期合作关系,通过共同努力,帮助供应商建立起可持续发展的力量,实现供应链的协同发展,最终实现互利共赢的目标。

5.辅助供应商成长

很多公司在面对供应商无法达到行为守则时,通常选择解除订单以规避社会责任带来的风险。然而,这种做法可能导致供应商企业的破产,使其职工失去工作,从而带来严重的社会影响。因此,一个真正履行社会责任的企业,应该采取措施给予存在问题的供应商改进的机会和空间,同时提供必要的资源和技术支持,帮助其履行社会责任,达到相应的审核标准。

(1)企业应该与供应商建立合作伙伴关系,而不仅是简单的交易关系。建立合作伙伴关系意味着企业与供应商之间有着长期稳定的合作,双方互相信任,共同发展。在发现供应商存在问题时,企业应该与其积极沟通,共同探讨解决问题的方案,给予其改进的机会和支持。

(2)企业可以为供应商提供必要的资源和技术支持,帮助其改进生产工艺、提升产品质量,以达到企业的社会责任标准。这包括为供应商提供专业培训,帮助其提升管理水平和技术能力;共享企业的先进技术和管理经验,提供技术指导和咨询服务;还可以为供应商提供资金支持,帮助其进行设备更新和技术改造,提高生产效率和产品质量。

(3)企业应该与供应商建立长期的合作计划和目标,共同制定改进方案和措施,持续跟踪和评估改进的效果,并根据实际情况进行调整和完善。通过与供应商的密切合作和持续改进,企业可以帮助供应商不断提升自身的社会责任水平,实现共同的发展目标。

二、企业对销售商的社会责任

(一)对销售商企业社会责任的界定

对于销售商而言,企业作为其上游供应商,承担着重要的社会责任,这些责任不仅关乎产品质量和交货期,更涉及整个供应链的稳定性和可持续发展。

(1) 企业对销售商的社会责任应体现在对产品质量的严格把控上。产品的质量直接关系到消费者的满意度和企业的声誉。企业应当确保其提供给销售商的产品符合安全标准、环保要求和行业规范，从而保障消费者的权益，并维护销售商的市场信誉。

(2) 企业应当保证供货的及时性。在供应链管理中，及时供货对于销售商来说至关重要，它直接影响到销售商的库存管理和市场响应速度。企业应当通过高效的生产计划和物流配送系统，确保产品能够按时供应给销售商，避免因供货延迟而造成销售损失。

(3) 企业在与销售商的合作中，应当注重库存水平的管理。通过与销售商的紧密合作，企业应当帮助销售商实现库存的优化，避免库存积压和资金占用，提高资金的流动性和运营效率。

(4) 企业在产品设计和研发过程中，应当考虑到销售商的需求和市场趋势。通过与销售商的沟通和合作，企业可以设计出更符合市场需求的产品，帮助销售商更好地满足消费者的需求，提升市场竞争力。

(5) 企业在履行社会责任时，应当关注销售商的社会形象和可持续发展。企业可以通过环保生产、公益活动等方式，为销售商树立正面的品牌形象，增强消费者对品牌的信任和忠诚度，从而促进销售商的长期发展。

(二) 企业对销售商履行社会责任的必要性

(1) 有助于维护供应链稳定。供应链是一个复杂的系统，任何一个环节的失误都可能导致整个系统的混乱。企业通过保证产品质量、及时交货、合理的价格和优质的售后服务，能够确保销售商的需求得到满足，从而维护供应链的稳定运行。这种稳定性对于企业来说是一种无形的资产，它能够减少因供应链中断带来的风险和损失，为企业带来长期的收益。

(2) 有助于提升企业的市场竞争力。在买方市场中，消费者的选择越来越多，企业要想在激烈的市场竞争中脱颖而出，就必须不断提升产品和服务的质量。通过与销售商建立良好的合作关系，企业能够更好地了解市场需求，及时调整产品策略，满足消费者的多样化需求。这种以市场为导向的经营策略，能够帮助企业赢得消费者的青睐，提高市场份额。

(3) 有助于实现可持续发展。随着社会对环境保护和社会责任的重视程度日益提高，企业的社会形象和责任感成为消费者选择产品的重要因素。企业通过履行对销售商的责任，不仅能够提升自身的品牌形象，还能够推动整个供应链实现绿色生产和可持续发展。这种长期的、负责任的经营方式，有助于企业在市场中树立良好的口碑，为未来的增长打下坚实的基础。

(4) 有助于促进创新和技术进步。在与销售商的合作过程中，企业能够接触到最新的市场信息和技术趋势，这为企业的研发和创新提供了宝贵的资源。通过与销售商的紧密合作，企业能够更快地响应市场变化，推动产品和服务的创新，从而保持竞争优势。

(5) 有助于建立长期的战略合作关系。在现代商业环境中，一次性的交易已经无法满足企业的发展需求，长期稳定的合作关系成为企业成功的关键。通过履行社会责任，企业能够赢得销售商的信任和支持，建立起基于共同利益和价值观的合作关系。这种关系不仅能够为企业带来稳定的订单和收入，还能够为企业在市场中的发展提供更多的机遇和可能性。

(三) 企业对销售商承担社会责任的类型

1. 对产品质量的责任

销售商是企业产品的直接推广者和销售者，企业生产产品的质量和安全性直接关系到消费者的满意度和企业的市场声誉。因此，企业在生产过程中必须严格把控产品质量，这是对销售商履行社会责任的基本要求。

(1) 产品质量的保证是企业社会责任的核心内容。企业在生产过程中应当遵循严格的质量管理体系，确保每一批次的产品都符合国家和行业的标准。这不仅涉及产品的使用性能，还包括产品的安全性、环保性等多个方面。企业应当通过持续的技术研发和创新，提升产品的性能和质量，同时通过有效的质量控制流程，确保产品在生产、储存、运输等各个环节的稳定性和可靠性。

(2) 企业在采购原材料和零部件时，也应当坚持质量优先的原则。一些企业为了降低成本，可能会选择价格低廉但质量不稳定的供应商，这种做法虽然短期内可以减少成本，但长远来看却可能因为质量问题而导致更大的损失。企业应当认识到，提供优质原材料和零部件是保证最终产品质量的前提，也是对销售商履行社会责任的重要体现。

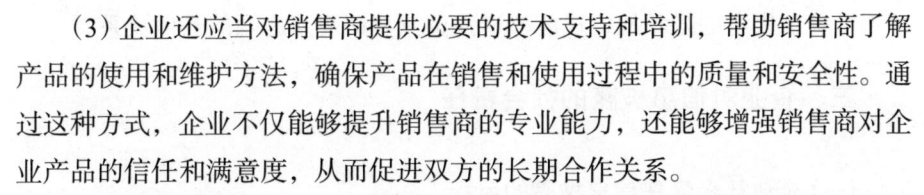

（3）企业还应当对销售商提供必要的技术支持和培训，帮助销售商了解产品的使用和维护方法，确保产品在销售和使用过程中的质量和安全性。通过这种方式，企业不仅能够提升销售商的专业能力，还能够增强销售商对企业产品的信任和满意度，从而促进双方的长期合作关系。

企业对销售商履行产品质量责任的意义远不只提升销售商的满意度和忠诚度，更重要的是，它关系到企业自身的品牌形象和市场地位。一个质量可靠的产品能够帮助企业在市场上建立起良好的口碑，吸引更多的消费者，从而为企业带来持续的利润和增长。反之，如果企业提供的产品存在质量问题，不仅会损害销售商的利益，还会严重影响企业的声誉和生存空间。

2. 保护销售商信息的责任

销售商信息保护和隐私是为了通过限制信息收集的类型、信息获取、使用和安全保护的方式，维护销售商的隐私。

（1）企业在收集销售商信息时，应当遵循合法性与必要性的原则。这意味着企业只能收集那些为了提供产品或服务所必需的信息，或者是销售商自愿提供的信息。通过这种方式，企业不仅能够确保自身的合规性，还能够减少对销售商隐私的不必要侵犯。企业应当通过合法和公平的方式来获取信息，避免使用不正当的手段，如欺骗、偷窃等，这些行为不仅损害销售商的权益，也会对企业的声誉造成不可逆转的伤害。

（2）在收集销售商信息之前或之时，企业有责任明确告知销售商收集信息的具体目的。这种透明化的做法有助于建立销售商对企业的信任，同时也能够让销售商明白其信息的使用方式和范围。企业应当避免模糊其词或隐瞒真实目的，这种行为可能会导致销售商的不信任，甚至引发法律纠纷。

（3）企业对销售商信息的保护不仅体现在收集阶段，更体现在信息的使用和存储过程中。企业有责任确保所收集的信息不被泄露或滥用，特别是不能将销售商信息用于与企业经营无关的地方，除非在销售商知情并自愿同意，或者法律有明确要求的情况下。企业应当严格限制信息的使用范围，防止信息泄露给销售商带来潜在的风险。

（4）企业应当给予销售商核实其信息的权利。这意味着销售商有权知道自己的信息是否被企业收集，以及这些信息被如何使用。企业应当提供一个便捷的渠道，让销售商能够轻松地查询和核实自己的信息。这种做法不仅有助于保护销售商的隐私权，还能够增强企业与销售商之间的互信关系。

三、企业对信息披露的社会责任

（一）企业社会责任信息披露的目标

"近几年，经济社会迅猛发展，社会各界在关注企业盈利的同时也会重点关注企业的社会责任履行情况。"❶企业社会责任信息披露是指企业向信息使用者展示其进行的社会责任行为的过程。其目的在于认定、描述和衡量对社会有重要影响的公司活动。这一过程既有内部目的，也有外部目的。内部目的在于充分利用公司资源，教育和激励员工，使其考虑所有决策的社会效果。这有助于构建一个社会责任意识强、行为规范的企业文化，推动公司内部管理的社会化和民主化。而外部目的则是以公认标准衡量公司的社会行为，并向社会公众公示结果。这有助于建立公司在社会责任方面的良好形象，增强其在消费者、投资者、政府和其他利益相关者中的信任和声誉。

在信息披露的过程中，企业需要考虑满足信息使用者对公司社会责任信息的需求，因为不同信息使用者关注的内容各有不同。例如，股东更关注投资安全性和回报率，他们希望了解的信息主要是对投资决策有利的内容，如公司的财务表现、战略规划和风险管理措施。而消费者则更关注产品质量、安全以及公司对消费者的尊重。他们希望购买到满足自身消费意愿的产品，并倾向于选择那些社会责任感强、对消费者关怀有加的企业的产品和服务。

此外，企业还需要关注环境生态责任信息的披露。任何利益相关者都关心公司在环境保护方面的表现，因为公司不履行或未能充分履行环境责任会引起反感。因此，环境生态责任信息的披露不仅是为了支持决策，也是为了让信息使用者了解公司对其资源承担的责任。这类信息涵盖了公司的环境政策、能源利用、废物处理、碳排放等方面的表现，反映了公司在可持续发展方面的努力和成就。

---

❶ 赵瑾.企业社会责任信息披露对审计质量的影响[J].合作经济与科技，2023（5）：158.

(二) 企业信息披露的主要内容

近年来，随着国内外经济的高速发展，无论国企还是民企，无论内资企业还是外资企业，普遍存在着追求短期利润而忽视其他利益相关者合法权益的现象，严重影响了企业品牌和公众形象。因此，在我国推行企业社会责任，促进社会责任发展已是当务之急。

1. 对股东承担社会责任的信息披露

股东作为企业的重要利益相关者，其投资的安全与回报直接关系到企业的稳定发展和市场信誉。因此，企业有义务确保股东能够及时、准确地获取关于企业经营状况和财务状况的信息。

（1）企业应当建立和完善经营体制，明确经营者的责任体系。这包括制定清晰的经营目标、策略和计划，以及确保这些目标和策略得以有效执行的内部控制机制。通过这种方式，企业能够确保经营活动的合规性和效率性，从而为股东创造稳定和可持续的回报。

（2）企业应当制定明确的经营发展战略，旨在提高企业的盈利能力。这包括市场扩张、产品创新、成本控制等多个方面。企业应当根据市场变化和企业自身的优势，制定切实可行的经营目标，并采取相应的措施来实现这些目标。这些措施应当能够提高企业的竞争力，增加市场份额，从而提高企业的盈利能力。

（3）企业应当具备灵活应对风险的能力。这意味着企业需要及时关注外部环境的变化，如市场需求、政策法规、行业趋势等，并根据这些变化调整企业的战略。企业应当建立健全风险管理体系，通过风险评估、预防和控制等措施，将潜在的风险扼杀在摇篮中，确保企业的资产安全和现金流动性。

（4）企业对股东的社会责任还体现在信息披露的透明度上。企业应当定期向股东提供财务报告和更新经营情况，包括收益增长率、净资产收益率、资本保值增值率等关键指标。这些指标能够帮助股东评估企业的表现和投资的价值，也是企业对股东资本保值增值承诺的体现。

2. 对员工承担社会责任的信息披露

在当今竞争激烈的商业环境中，企业的成功与否已不仅取决于产品的质量和市场份额，更需要重视人力资本的管理和发展。而在这一过程中，员工的社会责任承担和企业的信息披露密不可分。

员工是企业最宝贵的资产之一。他们的辛勤工作和创造力是企业取得成功的基石。因此，企业有责任确保员工获得与其付出相匹配的薪酬和福利待遇。这不仅体现了对员工辛勤付出的尊重，也是激励员工持续发挥创造力的重要手段。当企业获得成长与发展时，员工的待遇也应相应提高，以反映企业成功的一部分回馈给员工的情况。

企业应积极促进员工的职业发展，不仅包括提供专业培训和晋升机会，还需要为员工创造公平的竞争环境和发展平台。这样的做法不仅有助于提高员工的工作满意度，也能增强员工的忠诚度和凝聚力，为企业的长期发展提供坚实的人力支持。

3. 对债权人承担社会责任的信息披露

在财务困难或资金链断裂的情况下，债权人的支持和信任变得至关重要。债权人为企业提供资金支持，不仅帮助企业渡过难关，还有助于企业降低资本成本，扩大筹资渠道，促进企业的健康发展。

对债权人承担社会责任的信息披露主要体现在企业的还本付息能力上。债权人关心的是企业是否具备良好的还款能力，因此，企业需要通过一系列指标来展示其还债能力。例如，资产负债率、利息保障倍数、流动比率等指标可以客观地反映企业的偿债能力和财务稳定性，为债权人提供重要的信息参考。

维护与债权人之间的良好关系对企业至关重要。通过及时披露企业的财务状况和偿债能力，债权人能够更清晰地了解企业的经营状况，进而更有信心地继续支持企业。而企业也应该积极履行对债权人的社会责任，保障其合法权益，确保按时足额偿还债务，维护债权人的利益。

除量化指标之外，企业还可以通过定性方式对与债权人关系相关的信息进行披露。例如，企业可以说明其对债权人的尊重和信任，以及与债权人合作的良好态度。这种定性信息可以更加直观地展示企业对债权人承担的社会责任，增强债权人对企业的信任和支持。

4. 对消费者承担社会责任的信息披露

消费者不仅是企业利润的来源，更是企业长期发展的关键支撑。因此，越来越多的企业开始关注消费者的权益，主动承担起社会责任，通过信息披露展现出对消费者的关爱和尊重。

（1）企业应致力于提供优质的产品和服务，以满足消费者的需求和期待。在竞争激烈的市场中，唯有不断提升产品质量和服务水平，才能赢得消费者的信任和忠诚。为了让消费者感受到企业的诚意，企业需要确保产品的质量可靠，并提供完善的售后服务体系，以便消费者在购买后能够得到及时、有效的支持和帮助。

（2）企业应积极向消费者披露产品的相关信息，让消费者能够全面了解产品的性能、特点和使用方法。通过在产品包装上清晰地标示产品的相关信息，企业可以提高消费者对产品的信任度，减少因信息不对称而产生的投诉和纠纷。这种信息披露不仅有助于保护消费者的权益，也有利于建立起消费者与企业之间的良好互动和沟通渠道。

（3）企业应注重消费者的满意度，将其作为衡量企业对消费者责任社会承担的重要指标之一。通过收集消费者的反馈和意见，企业可以及时了解消费者的需求和诉求，进而调整和改进产品和服务，提升消费者的满意度和体验。这种积极主动的态度不仅有助于维护企业与消费者之间的良好关系，还可以为企业赢得更多的市场份额和口碑。

5. 对供应商承担社会责任的信息披露

供应商在企业的运作中扮演着至关重要的角色，其提供的产品和原材料直接关系到企业产品的质量和成本。因此，企业与供应商之间的关系不仅是商业上的合作，更是一种互利共赢的合作伙伴关系。良好的上下游关系不仅能够保证货源的稳定和质量的可靠，还有助于企业获得更有竞争力的进货价格。

在面对供应商承担社会责任的信息披露时，企业应该重点关注欠款情况和还款能力等问题。这些信息直接反映了企业对供应商的诚信度和合作态度。其中，应付账款周转率是一个重要的指标，能够客观地反映企业与供应商之间账款的周转速度，间接地体现了企业的支付能力和信用水平。

通过及时、透明地披露企业与供应商之间的关系和欠款情况，企业能够增强市场信任度，树立良好的企业形象。这种信息披露不仅可以提升企业的声誉，还有助于吸引更多优质供应商的加入，进一步优化供应链体系，提升整体运作效率。

除定量指标之外，企业还可以通过定性方式来披露与供应商的合作情况。例如，企业可以详细描述与供应商之间的沟通和协调情况，以及对供应商的尊重和支持态度。这种定性信息能够更加全面地展现企业对供应商承担的社会责任，加强与供应商之间的信任和合作。

6. 对公益事业承担社会责任的信息披露

通过提供就业机会和捐赠资金，企业回报社会、促进社会发展，从而树立良好的社会形象，推动企业自身的持续发展。对公益事业承担社会责任的信息披露是指企业向社会公开其参与公益活动的情况，主要体现在公益捐赠和就业机会提供两方面，相关指标包括公益捐赠收入比率、就业贡献率等。

(1) 企业通过公益捐赠回馈社会，为社会公益事业提供资金支持。这种形式的社会责任承担体现了企业对社会的关注和担当，有助于改善社会环境和促进社会公益事业的发展。企业应当公开其公益捐赠的资金数额、捐赠对象以及捐赠项目等信息，以便社会各界了解企业对公益事业的贡献。

(2) 企业通过提供就业机会，为社会创造更多的就业岗位，促进就业稳定和经济增长。就业是社会稳定的重要保障，企业的就业贡献不仅能够帮助个体实现就业，也有助于提升社会整体的生活水平和经济繁荣。企业可以公布其提供的就业岗位数量、招聘渠道和招聘政策等信息，以展示其在就业方面的责任担当。

7. 对政府承担社会责任的会计信息披露

企业与政府之间存在着密切的合作与互动，企业遵守政府的法规和监管，承担相应的社会责任，对于促进社会的公平与稳定至关重要。在企业对政府承担社会责任的会计信息披露中，税收是其中最为重要的一环，可以通过资产税费率等指标来反映企业的社会责任。

(1) 税收是企业履行社会责任的重要途径之一。企业通过纳税，向政府缴纳各种税费，支持政府开展公共服务和社会福利事业，从而回馈社会，促进社会的发展和进步。税收信息的披露能够让社会各界了解企业对公共利益的贡献程度，体现企业作为社会成员的责任担当。

(2) 资产税费率等指标可以作为企业承担社会责任的重要衡量标准。通过监测企业的税收贡献与资产比率，可以评估企业对社会的贡献程度和履行社会责任的情况。这些指标的披露不仅可以增加企业的透明度和信任度，也有助于政府和社会公众监督企业的税收行为，促进税收合规和税收公平。

8.对生态环境承担社会责任的信息披露

在当今社会环境中，企业在生态供应链中扮演着至关重要的角色，因此，积极保护生态环境是其应尽的责任。首先，企业应当定期登记并改正其产品废弃物的排放情况，这包括了对废弃物的种类、数量和处理方式进行准确记录，并在发现问题时及时采取纠正措施。其次，企业应不断提高自身的技术水平，通过引入更先进的生产技术和环境管理系统，有效控制废弃物排放。最后，企业应当加强对产品环境影响的检测，确保产品符合环保标准，并接受社会的监督与评估。

在面对废弃物排放超标的情况时，企业应当及时调整其生产和销售策略，可能需要调整相关产品的设计、生产工艺或材料，以确保其符合环保要求。企业的发展过程中，应自觉履行绿色环保责任，积极提高员工和管理层的环保意识，以降低废弃物排放量，推动生态文明的发展。

为了改善生产环节和废弃物处理过程，企业应该采取措施尽量减少其对社会环境的负面影响。这包括优化生产流程、减少能源和资源的消耗、采用环保材料和技术，以及加强废弃物的回收与再利用。通过这些举措，企业可以有效减少其生产活动对环境的影响，实现可持续发展的目标。

在环境责任披露方面，企业可以采取定量指标和定性方式相结合的方式。定量指标可以包括环保投资支出率和能源节约率等数据指标，以量化地展示企业在环保方面的投入和成效；而定性方式则可以包括企业采取的具体环保措施和政策，以及其对环保的承诺和态度。通过环境责任披露，企业可以向社会公众和利益相关者展示其在环保方面的表现和成就，增强企业的公信力和可持续发展的竞争力。

(三) 我国企业社会责任会计信息披露体系的完善

我国企业社会责任会计信息披露体系的完善，是促进企业社会责任履行的重要举措，对于构建社会信任、促进可持续发展具有深远意义。在当前阶段，我国企业社会责任会计信息披露还存在着一些不足，需要通过一系列措施来加以完善和规范。

(1) 通过制定相应的准则来规范企业的社会责任会计信息披露是至关重

要的。当前,我国对于企业社会责任会计信息披露的规范尚显不足,导致各企业披露形式和内容的差异较大,缺乏可比性。因此,制定统一的企业社会责任准则是必要的,它可以为企业提供统一的信息披露标准和格式,有助于降低信息披露的不确定性,提升信息披露的透明度和可信度。

(2)构建全方位的社会责任监督机制和评价体系也是关键所在。政府应加强相关法律法规的建立和完善,确保企业社会责任信息披露工作有法可依、有章可循。同时,还需要发挥社会各界的监督和评价作用,通过舆论引导、官方渠道监督等方式,对企业的社会责任履行情况进行全面监督和评价,以确保企业社会责任信息披露的真实性和准确性。

(3)强化企业的社会责任意识也是关键所在。企业自身的社会责任意识是推动社会责任信息披露工作的内在动力,只有当企业深刻认识到履行社会责任的重要性,才能真正落实相关的信息披露工作。政府可以通过政策支持和奖励措施来激励企业自觉完善社会责任信息披露,提高相关人员的责任意识和执行力,从而推动我国企业社会责任信息披露体系的不断完善。

第三章　企业社会责任与企业管理

在当今企业管理实践中，企业社会责任（CSR）已成为不可忽视的重要组成部分。它不仅影响着企业的声誉和品牌形象，更深入地渗透到财务管理、人力资源管理和战略规划等核心领域。本章探讨企业社会责任与企业财务管理、企业社会责任与人力资源管理、企业社会责任与战略管理。

第一节　企业社会责任与企业财务管理

一、财务管理

财务管理是企业管理的一部分，企业财务管理是组织企业财务活动，处理财务关系的一项综合性的经济管理工作。"现代企业财务的本质是资金运动背后的各财务主体之间的财务关系，各种财务关系之间是不断变动调整的。"❶ 企业要想在充满竞争的环境中生存、发展、获利，就必须加强企业的财务管理，因为实践表明财务管理是企业管理的中心。一个企业所作的每一个决定都有其财务上的含义，而任何一个对企业财务状况产生影响的决定就是该企业的财务决策。

(一) 财务与财务管理的内涵

1. 财务的内涵

财务作为重要的经济范畴，源于公有财产稀缺和私有财产观念的兴起，随着市场经济的发展而形成。在传统观念中，财务是处理财务关系的统称，特别在企业领域，它是企业再生产过程中的财务活动及其所反映的经济利

---

❶ 杨乐兴. 基于要素资本理论的企业财务关系研究 [J]. 会计之友，2013(7)：14.

益关系的总称。财务活动通过资金运动体现，资金是财务活动的基本构成要素，具有垫支性、物质性、增值性、周转性和独立性等特点。这些特征使财务活动成为企业再生产过程中的核心。

企业再生产过程具有双重性，既是使用价值的生产和交换过程，又是价值的形成和实现过程。资金在这一过程中扮演着重要的角色，是价值流动的表现形式。在企业再生产过程中，实物商品资金运动和金融商品运动都是价值运动的表现，体现了企业的经济价值创造和流动过程。这种双重性要求企业在财务活动中平衡好资金的使用和增值，以实现经济价值的最大化。

财务的内涵涵盖了企业的资金运动和价值创造过程，是企业经济活动的重要组成部分。通过财务管理和决策，企业可以有效地调配资金，优化资源配置，提高经济效益。财务的正确运用有助于促进企业的健康发展和持续增长。因此，对财务的理解和运用不仅是企业管理者的基本素养，也是企业持续发展的重要保障。

2. 财务管理的内涵

财务管理在企业管理中扮演着至关重要的角色，其重要性体现在多个层面。

在宏观层面，财务管理涉及政府财政和金融市场中的现金资源配置。这包括财政政策和金融市场在资源分配中的作用，对经济整体运行和资源配置的影响至关重要。财政政策的制定和执行直接影响到国家的财政收支平衡、税收政策、政府支出等，进而影响到整个经济的发展方向和速度。金融市场则是现代经济中资金流动的核心，财务管理在其中的角色就如同调节器一般，对资源的有效配置和市场的稳定至关重要。

在中观层面，财务管理涉及现金资源所有者的投资行为。这包括投资学领域的研究，涵盖投资目的、工具、对象、策略等内容。通过投资，现金资源所有者寻求将资金配置到能够带来最大回报的项目中，从而实现财富增值。投资机构在其中扮演着重要角色，它们为投资者提供服务，推动资源再配置和价值增值，促进了资本市场的繁荣和发展。

在微观层面，财务管理关注的是企业如何筹集、配置和运用现金资源进行经营活动。这涉及资金管理、投资决策、融资活动等方面。通过有效的财务管理，企业能够实现资金的有效利用、创造价值和合理的价值分配，从而提高企业的竞争力和盈利能力。资金管理的科学性和有效性直接决定企业的生存和发展，而投资决策和融资活动则影响企业的长期战略规划和发展方向。因此，财务管理在微观层面的作用至关重要，直接关系到企业的经营状况和发展前景。

(二) 财务管理的相关概念

1. 财务活动

财务活动是以现金收支为主的企业资金收支活动的总称，具体表现为企业在资金的筹集、投资及利润分配活动中引起的资金流入及流出。

(1) 企业筹资引起的财务活动。作为企业生存和发展的前提条件，资金的取得直接关系到企业的运营和发展。企业通常通过借款、发行股票等方式来筹集资金，以满足其运营和投资的需要，这是企业筹资引起财务活动的表现。

在筹资过程中，企业需要面对一系列关键问题，如确定所需资金的数量、资金的来源与获取方式、资金的成本以及筹资所带来的风险等。财务人员在处理这些问题时，必须确保筹集的资金能够满足企业的运营和投资需求，同时要尽可能控制筹资过程中的风险，以避免企业因无法偿还债务而陷入破产的境地。

筹资活动的关键在于平衡企业的融资需求和资金成本，同时确保企业能够有效地管理筹资所带来的风险。财务人员需要审慎评估各种筹资方案的利弊，选择最合适的筹资方式，并制定相应的财务策略和控制措施，以确保企业能够获得稳定的资金支持，并在经济环境的变化中保持良好的财务状况。

(2) 投资引起的财务活动。企业在筹集资金后，必须进行投资活动以实现更多的价值增值。投资活动主要分为对内投资和对外投资两种形式。对内投资指的是企业购买资产进行经济活动以获取收益，可以分为长期投资和短期投资。长期投资是指企业购置设备、厂房等用于构建生产环境，是企业基础的重要组成部分，具有较长的回收周期。而短期投资则是指企业进行日常生产运营活动，形成流动资产，其回收周期相对较短。

在进行投资决策时，财务人员需要考虑确定备选投资项目，并评估风险可接受程度。这意味着他们需要深入研究不同投资项目的潜在回报和风险，并权衡利益与风险之间的关系。在确定投资项目时，财务人员应该尽可能选择那些预期收益高、风险相对较低的项目，以确保企业实现持续增长和发展。然而，他们也必须认识到投资总是伴随着一定程度的风险，因此需要在投资组合中寻求平衡，以最大限度地降低整体风险水平。

（3）企业利润分配引起的财务活动。利润来源于企业的权益资本和债务资本，这些资金被用于投资运营，从而实现企业的价值增值。当企业经营获利后，扣除债务资本的利息等报酬后的剩余部分即为企业的利润总额。这个总额经过缴纳所得税后称为税后利润，也称为净利润。利润分配的顺序按照一定的优先级进行：首先是弥补亏损，其次是提取盈余公积，再次是提取公益金，最后才是向所有者分配利润。这一顺序的制定与执行对于企业所有者来说至关重要，因为它直接影响到他们的收益。

利润分配政策必须合理制定，要考虑到所有者的利益以及企业的长远发展。这意味着需要平衡短期利润分配和长期发展投资之间的关系，确保企业能够稳健运营并持续增长。在财务管理的基本内容中，包括筹资管理、投资管理和利润分配管理，这三者相互联系、相互依存。筹资管理涉及企业如何获得资金，投资管理关乎企业如何有效地利用这些资金进行投资，而利润分配管理则决定了企业利润的归属以及再投资的比例。

2. 财务关系

企业财务关系涉及企业与各种利益相关者间的经济关系。这些利益相关者包括股东、政府、债权人、雇员、消费者、供应商、社区居民等，他们对企业的发展产生着重大影响。在这些关系中，企业需要关注各利益相关者的利益，以实现生产经营的良性循环。

（1）企业与所有者的财务关系。首先，所有者通过投入股权资本，为企业提供资金支持，这一行为不仅体现了他们对企业的投入和信任，也奠定了企业运营的基础。其次，利润的分配方式通常按照出资比例或合同规定进行，这反映了所有者之间的权利和责任，同时也折射出经营权与所有权的关系。这种安排既能激励所有者积极参与企业经营，又能确保他们在企业中的地位和权益得到妥善保障。

（2）企业与债权人之间的财务关系。债权人通常包括贷款债权人和商业债权人,他们向企业提供资金支持。在这种关系中,企业须按照约定的时间表和条件还本付息或支付本息,这体现了债务与债权之间的法律和合约关系。通过这种融资方式,企业能够获得必要的资金,而债权人也能获得相应的回报,从而实现了双方的利益最大化。

(3) 企业与受资者之间的财务关系。投资关系体现了企业与被投资企业之间的财务联系。在这种关系中,受资者按照约定履行出资义务,并有权参与利润的分配。这种模式下,所有权与经营权得以分离,从而保障了投资者的权益和独立运营。这种合作关系有助于企业获取资金和资源,同时也为投资者提供了稳定的投资回报和参与企业决策的机会,实现了双方利益的共赢。

(4) 企业与债务人之间的财务关系。企业与债务人之间的财务关系涵盖了企业通过购买其他企业的债券或提供借款而获得的利息收益。这种情况下,企业实际上成了债权人,在合同约定的条件下有权要求债务人支付利息并归还本金。此举对企业的资金管理和经营决策具有重要影响。首先,通过购买债券或提供借款,企业可以稳定地获取利息收益,有助于增加其财务收入并提高经营效益。其次,企业赊销形成的应收账款也构成了与债务人的财务关系。尽管企业在赊销过程中提供商品或服务,但事实上也是向购货企业借出资金。因此,企业需要审慎管理应收账款,确保及时回收,以维持良好的资金流动性和偿债能力。总体而言,企业与债务人之间的财务关系直接影响企业的资金运作和经营战略,对其长期发展具有重要意义。

(5) 企业与国家之间的财务关系。国家为企业提供了公平竞争的经营环境和必要的公共设施,作为回报,企业需要依法缴纳税金。这种纳税行为是企业的经济责任和义务,旨在保障国家的财政收入。国家所征收的税金被用于满足社会各个方面的需要,体现了国家的公共财政职能。企业与税务机关之间的关系体现了依法纳税和依法征税的原则,平衡了税收征收的义务与权利,为维护社会正常秩序和国家长期稳定发展提供了保障。因此,企业需要合规地履行纳税义务,确保税收的及时缴纳和合理运用,以促进国家经济的健康发展和社会的稳定繁荣。

(6) 企业内部各单位之间的财务关系。首先,内部经济核算制度是企业通过划分责任中心和分级管理来准确核算各部门的经营业绩,以实现合理的奖惩机制。这种制度使企业能够清晰地了解每个部门的贡献和表现，从而采取相应的激励措施，提高整体运营效率。其次，内部结算需求促使各部门相互提供产品和劳务，引发企业内部的资金收付活动。这种内部结算不仅是为了确保各部门之间的资源流动顺畅，也是为了促进内部合作与协调。最后，财务关系实质上反映了在劳动成果上的内部分配关系，展现了企业内部各单位间合作与协调的程度。透明、公正的内部分配机制，能够激发员工的工作积极性，增强团队凝聚力，推动企业整体发展。

(7) 企业与员工之间的财务关系。首先，员工作为企业的第一资源，对于企业的发展至关重要。他们的专业技能、创造力和忠诚度直接影响着企业的竞争力和长期发展。其次，员工报酬体现了企业对员工劳动的正当回报，也是劳动成果上的分配关系体现。企业根据员工的表现给予相应的工资薪金和各种福利，以激励员工的工作积极性和创造力，同时维护员工的合法权益。这种合理的报酬体系不仅能够吸引和留住优秀人才，也有利于建立良好的企业文化和形象，提升企业的整体竞争力。

(三) 财务管理的整体目标

"目标是行为的指引，企业在发展的过程中，一定要根据环境的变化和自身特征的调整来制定和设计有效的财务管理目标和战略，这样才能够满足企业在不同生命周期的要求。"[1] 目标是企业运行所期望实现的结果，具有导向、激励、凝聚和考核作用，是系统良性循环的前提。对于企业财务管理而言，目标同样具有重要的意义，是评价企业财务活动是否合理的基本标准，也是财务决策的出发点和归宿。企业财务管理的目标是为企业创造价值服务，是在特定的理财环境中，通过组织财务活动，处理财务关系来实现的。

企业财务管理目标的核心是为企业创造价值。无论是营利性企业还是非营利性组织，其存在的最终目的都是创造价值。在市场经济环境下，企业必须有明确的经营目标和发展方向，以便有效地组织资源，开展经营活动，并取得长期的经济效益。因此，企业财务管理目标既是行为导向，也是实践的出发点和归宿。

---

[1] 苗凯. 财务管理目标与企业财务战略选择 [J]. 纳税，2021，15(29)：79.

不同时期、不同政治经济环境下有不同形式的财务管理整体目标。从中华人民共和国成立至今，随着我国经济的发展、经济环境的变革，我国先后出现了以下几种形式的财务管理整体目标。

1. 产值最大化目标

产值最大化目标起源于中国、苏联和东欧社会主义国家的计划经济体制，最初是为了满足生产物品的迫切需求。当时，我国面临着严峻的经济困难，因此，将产值最大化作为整体目标具有非常重要的意义。然而，随着时代的变迁和经济的发展，这一目标也暴露出了一些问题和局限性。

（1）产值最大化目标注重的是数量，而忽视了产品的质量和个性化。在计划经济体制下，企业主要追求完成生产计划指标，而对产品的质量和多样性要求较低。这就导致了产品质量不高、种类单一的问题。此外，管理层更注重的是提高总产值，而对产品的销售情况和市场需求了解不足，缺乏对产品销售情况的全面考量。

（2）产值最大化目标忽视了成本效益。在这一目标下，管理层往往只关注增加总产值，而忽略了产品的生产成本和市场价值。这就导致了企业生产出大量的产品，但无法保证产品能够以高于成本的价格销售出去，造成了资源的浪费和效益的降低。

随着经济的发展和人们对产品质量、个性化的需求不断提高，产值最大化目标逐渐显露出其不足之处。因此，人们开始提出利润最大化目标作为替代。利润最大化目标更注重产品的市场需求和成本效益，强调企业应该追求盈利最大化，而不是简单地追求产值的最大化。这使企业能够更加灵活地适应市场变化，提高产品的质量和多样性，从而实现长期的可持续发展。

2. 利润最大化目标

在企业管理中，利润最大化目标被视为一项关键指标，旨在追求在特定时期内实现的会计利润。这一目标不仅是一种经济指标，更是与企业领导人晋升和职工个人获得利益直接关联。利润被认为是企业在一段时间内创造的价值增值的指标，其增加代表着企业财富的增加。要实现正利润，企业产品必须以高于成本的价格销售，因此，有效的销售至关重要。利润最大化目标认为利润代表企业创造的财富，因此，利润越多，企业财富增加越多。为实现利润最大化目标，企业需要强化管理、降低成本、提高生产效率和资源利用率。在激烈的市场竞争下,只有生产优质、满足个性化需求的产品才能取得良好的销售业绩。此外,利润最大化目标可以克服产值最大化目标的一些缺陷,因为它更关注企业的盈利能力而非仅仅关注产量。自19世纪初以来,利润最大化目标便被西方企业广泛采用,而在中国利润最大化目标自1978年后逐渐成为主流。这一目标在企业经营中的广泛应用表明了其在实践中的重要性和有效性。

3.股东财富最大化目标

股东财富最大化目标旨在通过提高股票价格,使股东拥有的股票资产价值达到最大化。在企业管理中,股东作为企业的所有者和投资者,他们的利益至关重要,因此股东财富最大化目标成为企业财务管理的重要指标之一。

(1)股东财富最大化目标强调了资金的时间价值。它认识到了资本的时间性,对不同时期的报酬进行了区分和考量。通过货币时间价值的原理,股东财富最大化目标可以更准确地反映股东在企业中投资的价值,并且能够更好地指导企业的财务管理决策,使之更符合资金的时间价值特性。

(2)股东财富最大化目标考虑了风险因素。它强调了市场对股票价值的评价是基于对未来获利预期和风险的综合考量。在这一目标下,股东可以通过市场信息判断企业经营中可能存在的风险,并将风险体现在股票的定价中。管理层在追求股价最大化的过程中,必须在风险和报酬之间寻找平衡,从而确保企业的稳健经营和持续发展。

(3)股东财富最大化目标能够避免管理者过度追求短期利润的行为。由于股票价格反映了投资者对未来收益的预期,因此在股东财富最大化目标下,管理层不仅需要考虑当前的利润情况,还需要关注未来的盈利能力。这样一来,管理层就不会过于关注短期利润,而忽视了企业的长远发展和持续盈利。

然而,股东财富最大化目标也存在一些局限性。最主要的是,它忽视了除股东以外的其他利益相关者的利益。企业的利益相关者不仅有股东,还包括债权人、员工、政府和社会公众等。这些利益相关者对企业的发展和经营都有重要影响,而股东财富最大化目标过于强调股东的利益,可能会导致其他利益相关者的利益被忽视。

4. 企业价值最大化目标

企业价值最大化目标旨在通过合理的经营和财务策略，使企业总价值达到最大化。与传统的股东财富最大化目标相比，企业价值最大化目标考虑了更多利益相关者的利益，兼顾了股东和债权人等各方的利益。企业的价值不仅包括企业已创造的价值，还包括其潜在的未来获利能力，是企业全部资产的市场价值的体现。

在企业价值最大化的理念中，对企业价值的评估不仅关注当前的利润水平，更关注企业未来创造现金流的能力和水平。这种评估能更准确地反映企业的潜在获利能力，帮助企业制定更具长远性和稳健性的发展战略。

企业价值最大化与股东财富最大化有相似之处，都着眼于投资者对企业未来的预期，以及把资产市场价值作为判断标准。但企业价值最大化更加全面，它除了关注股东的利益，还兼顾债权人等其他利益相关者的利益。这种综合性的考虑有助于企业建立更加健全的财务结构，提高企业的整体竞争力。

然而，企业价值最大化也存在一些挑战和局限性。例如，股票价格受多种因素影响，具有较大的不确定性，特别是在资本市场效率低下的情况下。此外，对于非上市公司来说，确定企业价值需要进行专门的评估，而评估过程受多种因素影响，难以做到客观和准确。

在追求企业价值最大化的过程中，需要平衡考虑各利益相关者之间的利益，以确保公司财务关系的协调和企业价值最大化的实现。只有在兼顾各方利益的基础上，企业才能够实现长期的稳健发展，并为社会创造更大的价值。

5. 每股盈余最大化目标

每股盈余最大化目标的核心是通过提高每股收益，使股东投资的每一分资本都能够获得最大化的回报。在这个目标下，企业管理者将企业实现的利润与股东投入资本额或股本数进行对比，以每股收益来综合反映企业的财务状况和绩效水平。

（1）每股盈余最大化目标的优点。

第一，克服了利润最大化目标不考虑资本投入的缺点。通过将企业实现的利润与投入资本进行对比，可以更准确地衡量企业的盈利能力，避免了仅追求利润而忽视资本投入的情况。这样的目标设置有助于管理者更全面地评估企业的经营表现，并制定出更符合实际情况的经营策略。

第二，有利于与其他企业进行比较。由于每股盈余是以每股收益的形式来表现，这使不同规模和不同时期的企业之间可以进行更直接、更准确的比较。这样一来，管理者可以更清晰地了解企业在行业内的位置和竞争力，从而更好地制定出战略规划和发展方向。

(2) 每股盈余最大化目标的缺点。

第一，它没有考虑资金的时间价值。在这个目标下，管理者往往只关注当前的盈利水平，而忽视了资金在不同时间点的价值变化。这可能导致企业在资金运用上出现不合理的现象，影响了长期的经营效益。

第二，没有充分考虑到风险因素。股东投资的回报不仅取决于盈利水平，还取决于风险的承担程度。然而，在这个目标下，管理者往往只注重利润的增长，而忽视了风险的控制。这可能导致企业在追求盈利最大化的过程中，忽视了风险管理，从而增加了企业的经营风险。

第三，存在不能避免企业短期行为的问题。由于管理者往往将目光只放在每股收益的增长上，而忽视了企业的长远发展规划，这可能导致企业在短期内追求盈利最大化，而忽视了长期的战略目标。这样的做法可能会影响企业的长期竞争力和可持续发展能力。

6. 相关者利益最大化目标

相关者利益最大化目标的兴起是对传统的股东价值最大化观念的一次挑战。在这一理论框架下，企业被视为各种相关利益者之间契约关系的交汇点，这些利益者包括股东、债权人、员工、经营者、客户、供应商以及政府等。虽然股东在企业中拥有最大的权力和责任，但其他利益相关者也承担着企业经营所需的风险与责任。

相关者利益最大化目标的核心理念是企业应该以所有相关利益者的利益最大化为目标。管理者不仅是股东利益的代言人，更是对企业所有利益相关者负有责任的组织者。因此，在制定企业的财务管理目标时，必须充分考虑所有相关利益群体的利益。这一目标的具体内容包括强调风险与报酬的均衡，确保企业内部和外部利益相关者的利益得到充分的保障。同时，强调股东的首要地位，并着重建立与股东之间的合作关系。此外，还需要加强对企业经营者的监督和控制，建立有效的激励机制以促进企业战略目标的实施。另外，对员工、债权人、客户、供应商和政府等相关利益者也应给予关注和考虑，以维护他们的合法权益。

相关者利益最大化目标的优点在于，它有利于企业的长期稳定发展。通过平衡各利益相关者的利益，企业可以更好地实现经济效益和社会效益的统一，从而为长远发展奠定基础。此外，这一目标体现了合作共赢的价值理念，有利于形成多方共赢的局面，推动企业与利益相关者之间的良性互动和合作。

然而，相关者利益最大化目标也面临着一些挑战和限制。例如，在实践中需要平衡各利益相关者之间的利益，以避免出现矛盾和冲突，从而影响企业的正常运营。同时，相关者利益最大化目标的实施需要建立有效的监督和管理机制，以确保各方利益得到平衡和保障。

（四）财务管理的环节及方法

财务管理，包括财务预测、财务决策、财务计划和预算、财务控制、财务分析和考核等步骤。这些步骤构成了一个相互关联的体系，其核心在于确保组织的财务健康和可持续发展。财务预测为后续的决策提供了基础，通过对未来的预期进行评估，有助于制订合理的财务计划和预算。财务决策则是在预测的基础上进行的，包括投资、融资等方面的决策，旨在最大化财务利益。财务控制则确保计划得以有效执行，通过监督、检查和纠正，保障财务活动的合规性和效率性。财务分析和考核则对财务活动进行评估和反馈，以便及时调整和改进。

1. 财务预测及方法

（1）财务预测的含义。财务预测是企业管理中至关重要的一环。它涉及对过去数据和趋势的分析，并据此推测未来可能的发展方向和水平。这种超前的思考过程有助于降低决策失误的概率，因此被视为财务决策的基础。财务预测的主要目的在于为企业提供正确的决策支持，确保企业在不确定的环境中能够作出合适的财务规划。

财务预测的内容涵盖了筹资、投资、销售收入、成本费用以及利润等方面。这些方面的预测是企业发展和运营的核心，能够直接影响企业的盈利能力和长期发展。因此，在进行财务预测时，必须充分考虑各个方面的因素，并确保预测的准确性和可靠性。

为了进行财务预测,需要明确预测的对象和目的,并收集整理相关的信息资料。这些资料是预测的依据,决定了预测的准确性和可信度。在选择财务预测方法时,需要根据具体情况选用合适的模型和工具,以确保预测结果的准确性和可靠性。

财务预测的成功与否直接影响着企业的发展和盈利能力。成功的财务预测能够为企业带来丰厚的利润回报,帮助企业在激烈的市场竞争中立于不败之地。反之,不准确的财务预测可能会导致企业损失巨大,甚至面临破产的风险。因此,财务预测应该成为企业管理中不可或缺的重要环节,为企业的持续发展提供有力支持。

(2) 财务预测的方法。财务预测方法有许多,按其性质不同分为定性预测法和定量预测法两大类。

第一,定性预测法。定性预测法是一种由熟悉业务、具备一定理论知识和综合判断能力的专业人员或专家根据丰富实践经验对事物未来状况和趋势进行主观判断的预测方法。它适用于缺乏完备历史资料或影响因素复杂、不具备定量预测条件等情况。举例来说,当面对变化不定的外部市场和复杂因素时,依据历史数据往往不足以建立可靠的预测模型,这时候就适合采用定性预测法。

定性预测法的具体方法主要包括意见汇集法、专家意见法和调查研究法。首先,意见汇集法通过广泛征求各方面意见,然后将所得意见进行整理汇集,最后综合分析评价,从而进行预测。其次,专家意见法则是借鉴专家经验,可以采用德尔菲法或专家小组法。德尔菲法是通过一系列循环的调查和反馈来达成共识,而专家小组法则是由一群相关领域的专家共同讨论达成一致意见。最后,调查研究法则是通过对预测对象的情况进行调查,从而预测未来的发展趋势和结果。这种方法可以通过问卷调查、实地观察等手段获取相关数据,从而进行预测。

第二,定量预测法。定量预测法是一种根据数据资料中变量间的数量关系建立数学模型,利用统计方法对预测对象未来的发展趋势和结果进行预测的方法。其特点在于,首先需要建立逻辑严密可靠的数学模型,这样的模型能够保证预测结果的相对客观性。其次,定量预测法适用于历史数据齐备、能够建立数学模型，以及环境相对稳定的情况。该方法的分类包括趋势外推预测法（即时间序列分析法）和因果预测法。

趋势外推预测法依据历史数据的时间顺序排列，应用数学模型进行处理和分析，从而预测对象未来的发展趋势和结果。其中的方法包括简单平均法、移动加权平均法和指数平滑法。简单平均法将历史数据的平均值作为未来预测的依据，移动加权平均法则通过加权处理历史数据，使近期数据对预测结果的影响更大，而指数平滑法则根据历史数据的加权平均值以及衰减因子来进行预测，以反映近期数据的重要性。

因果预测法是指通过掌握的历史数据找出预测对象与相关因素之间的依存关系，建立相应的因果数学模型，从而预测未来的发展趋势和结果。它包括高低点法、直线回归法和非线性回归法。高低点法通过寻找历史数据中的最高点和最低点，建立起趋势线，从而预测未来的发展趋势。直线回归法则是通过拟合历史数据的线性关系，来预测未来的发展情况，而非线性回归法则是通过拟合历史数据的非线性关系，以更准确地预测未来的发展趋势。

2. 财务决策及方法

（1）财务决策的含义。财务决策直接影响着企业的兴衰成败，在市场经济条件下尤为重要。作为财务管理的核心，财务决策必须建立在准确的财务预测之上。只有通过对未来走势合理预期，才能作出明智的决策。财务决策的一般程序包括提出问题、确定备选方案、分析评价、择优标准和选择最优方案。

（2）财务决策的方法。

第一，经验判断法。经验判断法是决策者根据其积累的经验来判断最优方案。这种方法包括淘汰法、排队法、归类法等。在淘汰法中，决策者通过逐一排除不合适的选择，最终确定最优方案。排队法则是将待选方案按照一定的顺序排列，然后根据某些标准或条件进行选择。归类法则是将各种方案按照其特点或属性进行分类，然后根据类别特点来作出决策。这种方法依赖于决策者的经验和直觉，虽然灵活，但有时可能受主观因素影响。

第二，优选对比法。优选对比法，即将不同方案进行比较，评估其经济效益，以作出决策。通过对比各种方案的优缺点，决策者可以选择最适合的方案。这种方法注重数据和事实，可以减少主观偏见的影响，但也需要充分的数据支持和分析能力。

第三，数学微分法。数学微分法是一种运用微分方法解决具有曲线联系的极值问题的决策方法。例如，决策者可能需要确定最优资本结构、现金最佳余额或存货的经济批量。通过对相关函数进行微分，可以找到函数的极值点，从而确定最优解。这种方法要求决策者具备一定的数学知识和技能，但能够提供较为精确的结果。

第四，线性规划法。线性规划法是一种运用运筹学原理解决具有线性联系的极值问题的决策方法。决策者可以使用线性规划模型来确定最优方案，例如在资源有限的情况下，最大化利润或最小化成本。这种方法能够提供数学上的严格解决方案，但需要准确的参数和约束条件。

第五，概率决策法。概率决策法（决策树法）是一种根据未来情况及其概率预知、计算各方案的期望值和标准离差，从而确定最优方案的决策方法。通过建立决策树模型，决策者可以考虑各种可能的情况和概率，并计算出每种方案的预期收益或效用，从而作出最佳选择。这种方法考虑了不确定性因素，能够在风险和收益之间作出权衡。

3. 财务计划及方法

财务计划是企业为实现其整体战略目标而进行的一项重要安排。它不仅是对未来财务活动的安排方案，更是基于财务决策和预测信息的制定，以确立财务方案和预测资金需求的指导性文件。通过制定财务政策、规定财务工作程序、设计财务规则以及编制财务预算等方式，财务计划为企业提供了财务活动的具体指导，进而实现整体战略目标。财务计划主要通过指标和表格的形式，反映特定期间企业的生产经营活动所需资金及其来源、财务收入支出，以及财务成果及分配情况，这为企业的财务决策提供了具体化的数据支持，也为财务控制提供了依据。

确定财务计划指标的方法有多种，包括平衡法、因素法、比例法和定额法。平衡法利用内在平衡关系来计算确定计划指标，确保了企业各项财务指标之间的协调和平衡；因素法根据各种因素对财务指标进行推算，考虑了外部环境和内部因素对财务活动的影响，为计划的合理性提供了依据；比例法根据稳定的指标比例关系来计算计划指标，确保了财务计划的合理性和稳定性；定额法以定额作为计划指标，通过具体的数量标准来确定财务计划，为企业的实际操作提供了明确的目标。

4. 财务预算及方法

财务预算是企业根据财务战略、计划以及各种预测信息，确定预算期内各项指标的过程。其涵盖了多个方面，包括销售、生产、成本、现金、资本支出预算等，同时也预计了资产负债表、利润表和现金流量表等财务报表。在编制方法上，企业可以选择固定预算与弹性预算、增量预算与零基预算、定期预算与滚动预算等不同方式。

5. 财务控制及方法

（1）财务控制的含义。财务控制是指通过信息和特定手段对企业的财务活动施加影响或调节，以实现既定财务目标的过程。这种控制涵盖了多种手段，其中包括预算控制、营运分析控制和绩效考评控制等。预算控制是通过制定和执行预算，对企业的财务活动进行约束和引导，以确保资源的有效利用和财务目标的达成。营运分析控制则侧重于对企业运营过程中产生的财务数据进行分析，以识别问题和改进机会，从而优化资源配置和提升绩效。而绩效考评控制则通过设定明确的绩效指标和评估体系，对企业的财务绩效进行监测和评估，以激励员工、改进流程并实现绩效目标。

（2）财务控制的方法。财务控制的方法主要包括前馈控制、过程控制和反馈控制。前馈控制是在财务活动发生之前，通过监测实际财务系统运行情况，预测可能的偏差并采取措施来消除差异。这种方法强调预防性，能够在问题发生之前进行干预，有效降低风险。过程控制则是对正在发生的财务活动采取一定方法进行控制，包括对流程、程序和操作的监督和管理，以确保其符合规定标准和要求，从而保障财务活动的有效性和合规性。最后，反馈控制是通过分析实际与计划之间的差异，确定原因并采取有效措施，调整实际财务活动或财务计划以消除或避免差异。这种方法强调从过去的经验中吸取教训，及时调整策略和行动，以更好地实现财务目标和持续改进。

6. 财务分析及方法

财务分析在企业管理中扮演着关键的角色。通过对财务报表等信息的分析，企业可以评价其财务状况、经营成果以及未来趋势。其主要目的在于掌握财务计划指标的完成情况，评价财务状况，研究财务活动规律，以便改善预测、决策、计划和控制，从而提高企业的经济效益和管理水平。财务分析方法主要包括比较分析、比率分析和因素分析。

比较分析是财务分析的一种重要方法,通过对比主要项目或指标与标准的数值和变化,来分析、判断和评价企业的经营和财务情况。这种方法使管理者能够识别出业绩较好或较差的领域,并采取相应的措施来加以改进。

比率分析是另一种常用的财务分析方法,利用财务比率计算项目指标之间的相互关系,观察、分析和评价企业的财务状况、经营业绩和现金流量等。通过比率分析,管理者可以了解企业的盈利能力、偿债能力、运营效率等关键方面,从而制定出更加精确的战略和决策。

因素分析是一种更为复杂的财务分析方法,它根据财务指标与其影响因素的关系,分析各因素对财务指标差异影响程度的一种方法。这种方法不仅能够识别出导致财务状况变化的主要因素,还可以帮助管理者更好地理解这些因素之间的相互作用,从而更有效地进行财务管理和决策制定。

7.财务考核及方法

财务考核对于企业而言至关重要,它是实际完成数与规定指标对比的过程,旨在确定责任单位和个人任务完成程度。这一过程与奖惩机制密切相关,是贯彻责任制和构建激励与约束机制的关键环节。在财务考核中,指标的形式多样,可采用绝对指标、相对指标、完成百分比等多种形式,也可综合多种财务指标进行评价。这种多样性有助于更准确地评估任务完成情况,进而为企业的管理决策提供可靠依据。

二、财务管理与企业社会责任的逻辑关系

(一) 财务管理在促进企业履行社会责任中的作用

1.实现资金的专项分配

通过资金的专项分配,将一部分资金专门用于社会责任项目,如环境保护、社会公益事业等。资金专项分配是企业积极履行社会责任的一种重要方式。在当今社会,企业所处的环境问题日益突出,社会对企业的环保、公益等方面的责任要求也越来越高。通过财务管理,企业能够合理规划和调配资金,将一部分利润或经营资金用于开展环保、公益项目,从而积极回馈社会,提升企业的社会形象和声誉。这种专项资金的分配不仅可以满足社会的

需求，也有利于企业与社会各界建立良好的合作关系，增强企业的社会责任感和公民意识。

2. 规划利润再投资

财务管理还可以帮助企业实现利润的再投资，其中包括将一部分利润用于社会责任项目。通过将利润再投资于社会责任项目，企业不仅能够为社会作出贡献，还能够提升企业的可持续发展能力。例如，企业可以将一部分利润用于开展公益活动、捐助教育事业、支持贫困地区发展等，从而促进社会公平和经济发展。这种利润再投资不仅有助于改善企业的社会形象，也有助于增强企业与社会各界的共识和合作，推动社会的可持续发展。

3. 进行风险管理

财务管理还涉及企业的风险管理，包括经济、环境和社会风险等。通过合理的风险管理，企业可以有效降低履行社会责任所带来的风险，保障企业的可持续发展。例如，企业在进行环境保护项目时可能面临着环保法规变化、环境污染治理成本增加等风险，而通过财务管理，企业可以科学评估和应对这些风险，保证项目顺利实施，最大限度地减少不良影响。这种风险管理有助于企业在履行社会责任的过程中保持稳健的经营状况，确保企业长期可持续发展。

4. 保证资金流向的透明与受到监督

财务管理还能提高企业资金流向的透明度和受监督程度，从而促进企业履行社会责任。通过公开财务信息，社会公众和利益相关者可以对企业的资金使用情况进行监督和评估，确保资金用于社会责任项目的合理性和有效性。监督机制的建立有助于增强企业的社会责任感和公信力，推动企业更加积极主动地履行社会责任。企业通过财务管理确保资金的合理使用和流向透明，可以赢得社会各界的信任和尊重，促进企业与社会的和谐发展。

(二) 企业通过财务管理实现社会责任的途径

1. 资金的合理利用

财务管理通过各种手段和工具，帮助企业更加有效地管理和运用资金，从而避免浪费和滥用，实现资源的最大化利用，促进经济的可持续发展。

(1) 财务管理可以帮助企业制订合理的预算和资金计划。通过财务规划和预算编制,企业可以对资金需求进行合理评估和分配,明确各项支出的用途和金额,从而确保资金的有效利用。例如,企业可以将资金投入创新研发、环境保护、员工培训等方面,以满足社会的需求和提升企业的社会责任感。

(2)财务管理可以帮助企业进行成本控制和效益评估。通过成本控制,企业可以降低不必要的开支,提高生产经营效率,实现资源的合理配置。同时,通过效益评估,企业可以及时发现并优化投资项目,确保投资的收益最大化,从而更好地履行社会责任。例如,企业可以对环保项目的成本和效益进行评估,以确定最具投资价值的项目,实现环保和经济效益的双赢。

(3)财务管理可以帮助企业建立健全内部控制和监督机制。通过建立内部控制制度,企业可以规范资金的使用流程,加强对资金的监督和管理,防范财务风险和违规行为的发生,保障资金的安全和稳健。同时,财务管理还可以通过内部审计和监督机制,对企业的财务活动进行审查和监控,发现和纠正存在的问题,确保资金的合理利用和社会责任的履行。

(4)财务管理还可以通过建立与利益相关者的沟通机制,增强企业的社会责任感和公信力。通过公开财务信息和社会责任报告,企业可以向社会公众和利益相关者展示自己的财务状况和社会责任履行情况,增强企业的透明度和可信度,树立良好的企业形象。同时,企业还可以积极参与社会公益活动,回馈社会,提升企业的社会影响力和美誉度。

2. 进行投资决策

投资决策涉及资金的运用和配置,对企业的未来发展和盈利能力具有重要影响。而在进行投资决策时,考虑社会责任因素变得越来越重要,因为企业的经营目的不仅是营利,还需要考虑其对社会、环境和利益相关者的影响,以实现可持续发展。

(1)投资决策可以帮助企业选择符合社会价值观和利益的项目。现代社会对企业的社会责任提出了更高的要求,企业不再只追求经济效益,还需要承担起社会责任,积极回馈社会。因此,在进行投资决策时,企业可以选择那些与社会价值观相符合,有助于改善社会和环境的项目,以增强企业的社会责任形象和公众认可度。

(2)投资决策可以帮助企业规避潜在的社会风险和声誉风险。在投资决策过程中，如果企业选择了与社会、环境或利益相关者利益相冲突的项目，可能会面临社会抵制、法律诉讼等风险，对企业的声誉和品牌形象造成负面影响。因此，通过考虑社会责任因素，企业可以避免投资具有潜在社会风险的项目，降低企业面临的声誉风险，保护企业的长期利益。

（3）投资决策可以帮助企业实现长期可持续发展。社会责任投资往往不仅关注短期经济效益，更注重项目的长期影响和可持续性。通过选择符合社会责任的投资项目，企业可以在长期内获得稳定的经济收益，同时为社会和环境带来积极的影响，实现经济效益和社会效益的双赢。这有助于提升企业的竞争力，树立企业的良好形象，获得利益相关者的支持和认可。

（4）投资决策可以帮助企业获取政府政策支持和财政优惠。随着社会责任意识的提升，越来越多的政府部门和监管机构开始支持和鼓励企业进行社会责任投资。通过选择符合政府政策导向的社会责任项目，企业可以获得政府的政策支持和财政优惠，减轻企业的投资成本，提高投资回报率。

3. 税收合规和社会福利

在财务管理中，税收合规是指企业依法遵守税法规定，按时足额纳税的行为。而社会福利则是指企业通过纳税为社会作出的贡献，支持政府提供基本公共服务，促进社会公平和稳定。

（1）税收合规是企业社会责任的重要组成部分。税收是政府的重要财政收入来源，用于支持教育、医疗、社会保障等基本公共服务，对于维护社会稳定和促进经济发展至关重要。企业作为社会的一员，应当承担纳税义务，按照税法规定进行合法合规的纳税行为。通过遵守税法规定，企业不仅可以避免税收风险和法律责任，还可以为社会提供稳定的税收收入，支持政府履行基本职责，促进社会经济的健康发展。

（2）税收合规也体现了企业的社会责任意识和道德担当。作为社会成员，企业不仅要追求自身的经济利益，还应当承担起社会责任，积极回馈社会。通过合规纳税，企业不仅可以为社会创造价值，还可以提升企业的社会形象和公众信任度。这有助于增强企业的社会责任感，树立企业良好的品牌形象，获得更多的社会认可和支持。

（3）税收合规对企业的可持续发展具有积极影响。合规纳税可以降低企业的经营风险，维护企业的经营稳定性和持续性。与此同时，合规纳税还有助于企业建立良好的政府关系，获得政府的支持和资源倾斜，促进企业的发展壮大。因此，税收合规不仅有利于企业提升竞争力，还有助于实现企业的长期可持续发展目标。

除了税收合规，企业通过纳税也可以为社会福利事业作出贡献。纳税所得可以用于政府提供的各种社会福利项目，如教育、医疗、社会保障等，从而提升社会的整体福祉水平，促进社会的全面发展。企业的纳税行为直接关系到社会福利的改善和公共服务的提升，是企业履行社会责任的重要方式之一。

第二节 企业社会责任与人力资源管理

一、人力资源管理

(一)人力资源管理的基本特征

人力资源管理是组织为实现其目标而对人力资源进行管理的一系列活动，包括选拔、使用、培养和激励等方面。人力资源管理具有与其他资源管理不同的特征，这些特征不仅体现在其活动的范围和内容上，更体现在以下方面。

(1)人力资源管理具有明显的综合性特征。它不仅涉及经济学、社会学、心理学等多个学科，还需要综合运用这些学科的理论和成果来发展自身的理论和实践。相比之下，其他资源管理往往只涉及单一学科或领域的知识，而人力资源管理需要综合运用跨学科的知识体系，因此具有更为综合性的特征。

(2)人力资源管理活动具有复杂性特征。这是因为人力资源管理活动涉及人与人之间的交互，管理对象的主观能动性以及人与人之间的情感、利益关系，使管理活动呈现出复杂性。在实践中，管理者往往需要站在管理对象的角度思考问题，考虑他们的意见和需求，加强与他们的互动，而不是简单地站在组织的角度思考问题，这就增加了管理的难度。

(3)人力资源管理具有文化性特征。不同的文化背景会导致不同的人力资源管理方式和方法。不同组织的文化特征决定了其在人力资源管理理念、制度构建和操作上的差异性。例如，一些组织可能更加注重组织的和谐氛围，而另一些可能更加注重员工的能力素质和个人发展。这些文化特征的不同会直接影响组织的人力资源管理实践。

（4）人力资源管理具有发展性特征。随着时代的变迁和社会的发展，人力资源管理的理念和方法也在不断变革和发展。从传统的人事管理逐渐发展到以战略为核心的现代人力资源管理，管理者不断探索新的管理方式和方法，以更好地适应组织和员工的需求。例如，在人才评价方面，随着测评技术的不断发展，新的评价方法和技术不断涌现，为人力资源管理带来了新的可能性。

（二）人力资源管理的主要原则

在现代人力资源管理理念的指导下，人们经过长期的管理实践，逐步总结出了人力资源管理的基本规律和运行规则，这些规律与规则在企业中同样适用。

1. 战略管理原则

随着企业环境的变化和竞争的加剧，人力资源管理不再是简单地处理员工事务，而是成为实现组织战略目标的关键因素之一。这一原则的核心在于将人力资源管理与组织的战略发展有机结合，以实现组织整体绩效的提升。

（1）战略管理原则强调人力资源管理在实现单位组织战略目标方面的重要性。现代企业要想实现战略目标，必须依靠有效的人力资源管理。人力资源是实现企业目标的重要驱动力，因此，人力资源管理必须与组织的战略规划相一致，以确保人力资源的有效配置和利用，从而推动组织战略目标的实现。

（2）战略管理原则要求人力资源管理从"能力为本"的角度来制定战略。这意味着人力资源发展战略应以员工的能力和潜力为核心，建立相应的任务和计划，解决影响组织人力资源发展的重大问题。这种以能力为本的战略管理方式能够使人力资源管理更加有针对性和有效，促进员工的个人发展与组织目标的一致。

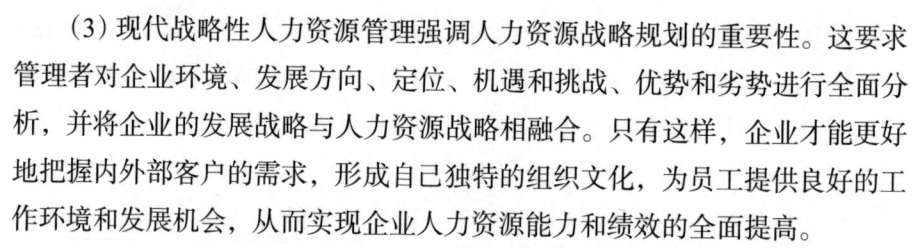

（3）现代战略性人力资源管理强调人力资源战略规划的重要性。这要求管理者对企业环境、发展方向、定位、机遇和挑战、优势和劣势进行全面分析，并将企业的发展战略与人力资源战略相融合。只有这样，企业才能更好地把握内外部客户的需求，形成自己独特的组织文化，为员工提供良好的工作环境和发展机会，从而实现企业人力资源能力和绩效的全面提高。

2. 德才统一原则

德才统一原则的核心思想是将个体的品德与才能统一起来，作为选拔、培养和任用人才的标准。德指的是个体的道德品质和素养，包括伦理道德、政治品德和个性品德等方面；才则主要涵盖知识、综合能力、智力和专业能力等方面的素质。在企业人力资源管理中，德才兼备原则是围绕着这两个方面展开的。

（1）德与才的统一意味着企业需要综合考量员工的道德品质和专业能力。一个人不仅需要具备优秀的专业技能和能力，还需要具有良好的品德和素质。只有德与才相统一，才能够保证员工在工作中不仅能够胜任工作任务，还能够秉持正确的道德价值观，维护企业的声誉和形象。

（2）德才统一原则是选拔和培养人才的重要准则。企业在招聘和选拔人才时，不仅要注重候选人的专业能力和知识水平，还要考虑其道德品行和团队合作能力。只有德才兼备的人，才能够更好地适应企业的发展需求，并为企业的长远发展作出贡献。

（3）德才统一原则也是企业人才管理的重要依据。在员工的职业发展和晋升过程中，企业需要综合考量员工的专业能力、业绩表现和道德品质等因素，进行全面评价和决策。只有将德才统一纳入人才管理的考量范畴，企业才能够建立起健康、稳定的人才队伍，为企业的可持续发展提供强有力的支撑。

3. 开发与使用并重原则

开发与使用并重原则强调在人事管理和资源配置中，既要充分利用现有人力资源，又要重视人力资源的持续开发。这一原则突出了人力资源开发和使用的相辅相成关系，为组织的可持续发展提供了重要保障。

（1）开发与使用并重原则强调人力资源开发的重要性。人力资源是组织的重要资产，其潜力和能力的开发对于组织的长期发展至关重要。通过对员工的培训、教育、技能提升等开发活动，可以不断提高员工的素质和能力水平，增强其创造力和竞争力，为组织创造更大的价值。

（2）开发与使用并重原则强调人力资源使用的科学性和合理性。尽管开发人力资源至关重要，但合理利用现有人力资源同样至关重要。管理者需要根据组织的战略目标和实际需求，科学配置人力资源，确保其最大化地发挥作用。只有充分利用现有人力资源的潜力，才能更好地实现组织的发展目标。

（3）开发与使用并重原则提倡管理者对人力资源的全面关注和综合管理。管理者不能仅仅关注人力资源的现实使用情况，而忽视其长期发展和潜力开发。相反，他们应该从战略的高度来思考人力资源的管理，既要关注人力资源的短期利用，也要重视其长期价值的开发，从而使组织能够持续获得竞争优势。

（4）开发与使用并重原则体现现代人力资源管理与传统人事行政管理的区别。传统的人事行政管理往往只注重员工的日常管理和事务性工作，而现代人力资源管理更加强调员工的全面发展和价值实现。通过将开发与使用并重原则融入人力资源管理实践中，管理者可以更好地引导组织成员的成长和发展，从而提升组织的整体绩效。

4. 弹性管理原则

弹性管理原则的核心思想是在设计人力资源的职业生涯规划时，要考虑到各个部门和管理阶段的灵活性和弹性。这一原则的制定旨在确保员工在工作中能够充分发挥潜能，同时避免弹性过度导致失去最佳发展的机遇。

（1）劳动强度的弹性。企业应该确保工作任务的分配和安排符合员工的实际能力和承受能力，避免让员工承担力所不能及的任务，从而保持员工的工作积极性和健康状态。

（2）脑力工作的弹性。企业应该合理安排员工的工作内容和时间，保证他们有足够的休息和恢复时间，以保持精力充沛，提高工作效率和质量。

（3）劳动时间和工作定额的弹性。企业应该根据员工的实际情况和工作需要，灵活调整工作时间和工作任务，以确保员工能够在合适的时间内完成工作，同时不至于压力过大。

此外，在设定中、短期目标时也要考虑适当的弹性。企业应该给予员工一定的目标灵活性，让他们有足够的时间和空间去实现目标，从而提升员工的信心和动力，促使他们更好地投入工作中。

（三）人力资源管理的根本目标

从企业的角度来看，人力资源管理的目标主要体现在两个方面的和谐：一是"人"与"事"的和谐，二是"人"与"人"的和谐。这两种和谐的实现能够有效提高生产效率，推动组织目标更快地实现。

（1）最大限度地开发与管理组织内外的人力资源，促进组织的持续性发展。通过充分挖掘和有效管理组织内外的人才资源，企业能够更好地应对市场竞争和环境变化，实现组织的持续发展和壮大。

（2）提高企业生产力，取得最优的投入－产出效率。通过科学合理地配置人力资源，提高员工的工作效率和绩效水平，企业能够实现更高水平的生产力，从而提升企业的竞争力和盈利能力。

（3）巩固和加强企业与职工之间的合作关系。通过建立良好的员工关系和沟通机制，增强员工的归属感和责任感，促进团队合作，实现组织和员工利益的双赢。

（4）充分满足社会经济的发展需要，以及企业组织管理和发展的目标。通过与外部环境的紧密结合，及时调整人力资源管理策略和方法，以适应不断变化的市场需求和竞争压力。

（5）保障和提高每个员工的工作生活质量，满足个人健康成长和发展的要求。通过提供良好的工作环境、合理的薪酬福利待遇、个人发展机会等，激发员工的工作动力和创造力，实现员工与企业共同成长。

二、企业社会责任与人力资源管理的逻辑关系

（一）企业社会责任与人力资源管理的关系

企业社会责任可以看作是外部社会对企业的要求，它呼吁企业对其商业行为承担起应有的社会责任，而人力资源管理则是企业内部管理的需要，它是为了更好地发挥企业人力资本所必要的管理活动。在企业社会责任的众多内容中，关于员工保护的内容与人力资源管理有着天然的契合点。

1. 出发点一致——保护员工权益

企业社会责任与人力资源管理的共同出发点在于保护员工权益，即将员工视为企业最宝贵的资源，注重尊重、关心和提高员工的工作生活质量。为了实现这一目标，企业需要提供公正、平等的待遇，创造让每位员工充分发挥个人能力的机会，以及建立良好的沟通和信任机制。而企业社会责任则是在这一基础上更进一步，要求企业不仅关注员工权益，还要承担起对社会、环境的责任，满足社会各界的期望和需求。

（1）企业需要从员工的满意度出发，处理好企业所有者、经营者和劳动者之间的关系，实现三者之间的和谐共存。传统的管理理念往往只注重股东的利益最大化，而忽视员工权益的保护。然而，作为企业运营的实际执行者，员工的满意度直接关系到企业的运营效率和产品质量，进而影响股东的经济利益。因此，提高员工满意度不仅是企业社会责任的体现，也是企业长期发展的关键。

（2）员工劳动权益的保护。企业社会责任要求企业内部建立稳定协调的劳动关系，维护员工的合法权益，促进企业的健康发展。长期以来，企业社会责任运动所倡导的消费者权益、劳工权益以及环境保护等公众利益，推动了企业社会责任的发展。保护员工的权益不仅是企业履行社会责任的基础，也是企业可持续发展的前提。

2. 伦理道德基础一致——以人为本

人力资源管理的核心理念是以人为本，其使命在于通过关心和培养员工来实现管理目标。这一管理思想强调尊重人性，旨在激发员工的积极性，从而促进员工、企业和社会的共同发展。在实践中，企业社会责任扮演着重要的角色，其本质是对人的责任，既包括对内部员工的责任，也涵盖对外部利益相关者的责任。在内部，企业应关注员工的权益和成长，为其提供安全的工作环境，并重视员工的个人发展，使其成为企业发展的积极推动力。在外部，企业应当遵守法律法规，尊重并维护消费者和社会公众的利益，同时保护环境生态平衡，这是企业社会责任的具体体现。人力资源管理的最高境界是文化管理，其中强化社会责任是不可或缺的重要组成部分。因此，企业应将强化社会责任贯穿于人力资源管理的各个环节，通过制度和文化活动的推广，提升企业在社会公众中的形象和地位。这种整体性的管理方法有助于塑造企业良好的内外部形象,增强员工的归属感和凝聚力,进而推动企业可持续发展。

3. 管理目标一致——企业可持续发展

企业的可持续发展是每个企业都追求的长期战略目标,而人力资源管理作为支撑企业可持续发展的重要职能之一,在这一过程中发挥着关键作用。实现可持续发展不仅需要企业提供优质产品和服务,还需要拥有高度满意和高素质的员工。因此,企业的人力资源管理必须与企业的可持续发展目标保持一致。

(1) 企业的可持续发展需要建立在顾客的忠诚基础之上。为了持续地为顾客提供优质的产品和服务,企业需要拥有一支高度满意和高素质的员工队伍。员工的满意度和素质是企业成功的关键因素,而这些又源自优质的人力资源管理。因此,企业要实现可持续发展战略,就必须从经营好内部员工开始,让员工满意,从而为顾客提供优质服务。

(2) 企业履行社会责任也是实现可持续发展的重要保障。积极承担企业社会责任不仅可以提升企业形象,还可以赢得消费者的信任和认可。大多数企业已经意识到社会责任的重要性,主动承担社会责任有助于提高产品和服务的市场认可度,从而增加销售额,为企业的可持续发展奠定基础。此外,以企业社会责任为导向的经营理念有助于构建和谐企业文化,促进企业与外部社会、员工以及自然界之间的和谐关系,从而更好地推动企业的可持续发展。

(二) 人力资源管理承担企业社会责任的思路

在社会责任与可持续发展方面,企业需要充分履行对员工的社会责任。这不仅体现在保护员工的基本权益上,如提供合理的工作条件和薪酬福利,还包括持续地更新培训和激励体系。通过培训和激励,企业可以帮助员工不断提升自身素质和能力,从而更好地适应市场变化和企业发展的需要。同时,企业也需要积极回馈社会,承担起应有的社会责任。这包括但不限于环境保护、公益慈善等方面的活动,以实现企业的可持续发展并获得公众的认可和支持。

1. 保护员工合法权益的社会责任意识

（1）员工招聘和岗位配置。员工招聘和岗位配置是人力资源管理的关键环节，直接影响到企业的人才队伍和组织效率。在进行员工招聘和岗位配置时，企业必须始终贯彻公平、公正、公开的原则，杜绝任何形式的歧视行为，确保每位员工都能够在职业发展中得到公平的机会和待遇。

第一，企业在进行员工招聘时应该摒弃任何形式的歧视，不因种族、性别、国籍等因素给予员工不公平的待遇。企业应该根据个人能力和背景来评价每位应聘者，而不是被一些不相关的因素左右。同时，企业还应当遵循有关法律法规的规定，保障儿童和青少年的受教育权利，在工作环境和工作条件上不得对其进行不当的安排。

第二，在岗位的配置方面，企业应当尊重员工的信仰、风俗习惯和个人兴趣爱好。此外，对于一些弱势群体，企业应该尽力提供适合其知识、经验和能力的岗位，为他们提供平等的就业机会和发展空间。在可能的情况下，企业还可以考虑对工作内容进行调整和重新设计，以满足特殊人群在身体等方面的特殊需求，创造一个包容和谐的工作环境。

（2）与劳动者签订劳动合同。《中华人民共和国劳动合同法》的实施，为企业与劳动者之间的权利义务关系提供了明确的法律框架，旨在保护劳动者的合法权益，促进和谐劳动关系的构建。

第一，劳动合同作为一种法律文书，在双方签署后即具有法律效力，为劳动者和企业提供了合法的权利保障。劳动合同明确了劳动者和企业之间的权利义务，规范了劳动关系的各项事项，使双方能够依法行事、互相监督、维护自身的合法权益。

第二，签订劳动合同对于员工和企业都是有利的。对于员工而言，签订劳动合同可以确保其在工作过程中享有合法权益，如工资报酬、工作条件、社会保障等，同时也提高了员工的责任感和技术素质，促进个人的职业发展；对于企业而言，签订劳动合同有助于建立和谐稳定的劳动关系，提高员工的工作积极性和生产效率，从而实现企业的可持续发展。此外，《中华人民共和国劳动合同法》还对违反规定的用人单位加重了惩罚力度，强化了对用人单位的法律责任。这一举措有效地保护了劳动者的权益，强化了企业对劳动法规的遵守和执行，有助于促进劳动关系的和谐发展。

(3)企业规章制度的制定。人力资源管理部门作为负责企业人事管理的主体,在制定企业规章制度方面发挥着关键作用。

第一,企业规章制度应当以法律法规为依据,按照《中华人民共和国劳动合同法》等相关法律法规的规定,制定合法合理的管理制度,保护劳动者的合法权益,履行企业的社会责任。在制定员工招聘制度时,应根据《中华人民共和国劳动合同法》的规定调整试用期规定,并规范试用期的薪酬标准,以确保劳动者在试用期间的权益得到充分保障。此外,在工时和休假安排方面,企业应参照劳动法律法规和行业标准制定合理的规定,确保员工的合法权益不受侵犯。

第二,企业规章制度应涵盖诸如职工奖惩、劳动保护、社会保障、安全生产、消防、职业卫生、工人权利以及工会等方面的内容。特别要重视工人的权利,确保工人享有谈判权、结社自由权以及平等对话、沟通及工人意见反馈收集等权利。这些规定的制定与实施,有助于维护劳动者的合法权益,促进劳动关系的和谐稳定,进而为企业的可持续发展提供有力保障。

第三,企业规章制度的修订和实施需要与时俱进,及时调整适应法律法规的变化和社会的发展。人力资源管理部门应该密切关注劳动法律法规的更新和变化,不断完善和优化企业的规章制度,以适应不断变化的市场环境和劳动关系的需求,确保规章制度的合法性和有效性。

2. 推行员工保护社会责任考核体系

(1)完善的培训系统,提高员工自身素质。现代企业必须重视人力资源的培训和开发,以适应快速变化的市场环境和技术发展。通过提供充足的培训和发展机会,企业可以帮助员工提升专业技能和综合素质,从而更好地适应企业的发展需求。员工在接受培训后,不仅可以提高工作效率,还能够在企业内部寻求更多的发展机会,实现个人的职业规划。因此,建立完善的培训体系既符合组织的发展需求,又满足了员工的个人成长需求,体现了企业对员工发展的社会责任。

(2)建立激励体系,促进员工发挥潜在能力。激励机制的存在能够有效调动员工的积极性和创造力,从而提高员工的工作热情和责任感,实现企业效益的最大化。企业在制定激励政策时应采取物质激励和精神激励相结合的方式,以满足员工多样化的需求。通过荣誉奖励、关心激励、竞争激励等方式，企业可以激发员工的积极性和创造力，促进员工个人发展和企业整体发展。这种激励机制不仅体现了企业对员工的尊重和重视，还能够满足员工的高层次需求，实现企业和员工的双赢局面，是企业履行社会责任的重要举措之一。

3. 强化人性化管理模式

（1）劳动保护措施。为了确保员工的安全与健康，企业需要改善劳动条件和工作环境。这包括但不限于提供符合安全标准的工作设施和工具，确保工作场所通风良好，以及维护设备的正常运转。此外，提供必要的安全培训也是至关重要的。通过培训，员工能够了解工作中的潜在危险和安全操作规程，从而降低意外伤害的风险。另外，建立安全预警机制也是不可或缺的一环。这种机制可以及时发现和应对潜在的安全风险，从而最大限度地保障员工的安全与健康。

（2）薪酬福利待遇。企业应该确保员工的薪酬福利与其付出和贡献相称。这意味着不仅要确保员工的基本工资水平合理，还需要根据员工的工作表现和贡献给予适当的奖励和激励。此外，企业还应该支持员工的生活需求和个人价值实现。

第一，基本工资的设定应当达到法定或行业最低标准，以满足员工基本生活需求，这不仅是对员工的基本尊重，更是企业承担的社会责任之一。

第二，企业应避免因惩戒目的扣减员工工资，而要提供清晰详细的工资构成，以保障员工的权益，增加员工对企业的信任度和归属感。

第三，为了激发员工的工作积极性，企业应提供具有激励作用的工资或福利待遇，奖励那些业绩突出的员工，这有助于促进个人成长和发展。

第四，企业应满足员工各种福利需求，包括提供社会保险和有价值的福利计划，从而提高员工的生活质量和幸福感。

第五，企业应确保员工的工资待遇符合法律标准，提供令人满意的薪酬，以培养员工的归属感和责任感，这是企业履行社会责任的重要体现之一。

（3）解雇和裁员。

第一，企业应尽可能承担自身的责任，减少解雇和裁员对员工造成的压力和冲击。通过降低成本、进行战略和结构的调整等方式，使解雇和裁员对员工的影响最小化。这不仅是企业对员工的责任，也是企业对整个社会的责任，应当得到充分的重视和执行。

第二，企业应当依据公平原则综合考虑确定裁员名单，遵循相关法律法规的规定。根据《中华人民共和国劳动合同法》的规定，优先留用与企业签订较长固定期限劳动合同或无固定期限劳动合同的员工，以及家庭无其他就业人员，需要赡养老人或抚养未成年人的员工。企业在裁员过程中，应当尽量保障员工的合法权益，确保裁员程序公正透明，避免出现任何歧视和不公平现象。

第三，企业应该为被裁员工提供相应的解聘福利和支持。这包括公平合理的解聘补偿、重新就业咨询和帮助，甚至提供心理辅导等服务，帮助员工尽快恢复信心，重新融入职场。企业应当充分尊重员工的感受和处境，尽力减轻他们因裁员而产生的心理和经济压力。

4.加强企业文化建设，加强社会责任理念传播工作

加强企业文化建设，推动社会责任理念在企业中的传播和贯彻，是企业持续履行社会责任的重要举措。人力资源管理部门在这一过程中发挥着关键作用，通过内部宣传、培训和激励等手段，促进企业成员对社会责任的理解和认同，从而实现责任意识的有效提升。

(1) 加强企业文化建设是将社会责任理念融入企业核心价值观的关键步骤。企业应确立将社会责任视为企业发展的重要组成部分，并将其融入企业的文化建设中。通过内部宣传和培训活动，让企业成员深入理解社会责任的重要性，形成共同的价值追求和行为准则。这样的文化建设将有助于形成企业责任观的统一，使社会责任理念成为企业文化的内在驱动力。

(2) 通过内部宣传和培训活动，向企业管理者和员工传递和沟通社会责任理念，激发他们的责任意识。通过开展各类培训和教育活动，使企业成员深入了解社会责任的内涵和意义，认识到履行社会责任对企业可持续发展的重要性。同时，通过实际案例的分享和讨论，引导员工从实践中领悟社会责任的实质，促进他们在日常工作中将社会责任活动视为习惯行为。

(3) 通过褒奖有效履行企业社会责任的行为，引导员工自觉承担社会责任。通过建立激励机制，对积极参与社会责任活动、推动企业社会责任实践的员工进行表彰和奖励，激发更多员工的责任意识和参与积极性。这样的激

励措施不仅能够外化企业责任观，也能够提升员工对企业社会责任的认同感和归属感，推动企业社会责任理念的深入贯彻。

第三节 企业社会责任与战略管理

一、企业战略及其实施

企业战略本质上是一种全局性的重大谋略或策划，面向企业的未来发展，目的是使企业能够保持持久竞争力和竞争优势。企业在制定战略时，一切的出发点和归属点都应当是企业未来的生存和发展，不仅要全面了解当下和过去企业自身和企业所属行业的形势，也要时刻地关注内部环境以及外部环境的动态变化，只有这样才能更加精准把握未来的变化趋势。企业的战略应当是一个长期目标，且确定一致，这个目标不仅是对未来企业发展方向的一个指引，同时也是资源配置优化的参考，对于不同的部门和员工之间的活动能够起到协调作用，使组织凝聚力得到切实增强。企业战略的制定并不是盲目的，而是在经营的过程中依据实际情况和需求有意识地进行，对于环境变化可能带来的一系列挑战，它能够很好地适应，与此同时，对于环境变化可能带来的机遇，它也能很好地抓住并进行利用。实际上，企业制定战略就是希望在企业的发展过程中能够建立并保持长久的竞争力和竞争优势，对于企业来说，这样的竞争力和竞争优势能够使它们获得超额利润，即超越行业平均水平的利润价值，进而使企业能持续良性发展。

（一）企业战略的构成要素

（1）产品与市场范围。通过梳理企业所在行业的特点和市场需求，确定适合企业发展的产品与市场范围至关重要。只有明确了产品定位和市场定位，企业才能在激烈的市场竞争中找到自己的立足点。这不仅需要对行业进行深入的分析和了解，还需要根据企业自身的资源和实力作出合理的选择，确保产品和市场范围与企业的发展战略相一致。

（2）增长向量，也称成长向量。在制定增长向量时，企业需要考虑当前产品与市场组合的情况，并根据市场需求和竞争环境确定未来的经营目标。

无论是市场渗透、产品开发、市场开发还是多种经营,都需要与企业的核心竞争力相匹配,以实现企业持续健康发展的目标。

(3) 竞争优势。企业通过不断提升产品技术水平、巩固客户关系、拓展销售渠道等方式,寻求在竞争激烈的市场中获得自身的竞争优势。竞争优势的建立不仅需要企业具备独特的资源和能力,还需要不断创新和改进,以应对市场的变化和竞争的挑战。

(4) 协同作用。通过协同作用,企业可以最大限度地发挥各个部门和团队的优势,实现经济效益的最大化。这不仅需要建立有效的沟通机制和协作机制,还需要打破部门间的壁垒,促进信息共享和资源整合,以提升企业整体的竞争力和效率。

(二) 企业战略的三个层次

1. 公司战略

公司战略是企业管理中的关键组成部分,它为企业的整体发展提供了指导和行动纲领。在制定公司战略时,管理层需要考虑两个核心问题:一是确定企业应该从事哪些业务,即明确企业的活动范围和重点;二是如何有效地开展这些业务,包括资源配置和竞争优势的获取与保持。

(1) 确定企业应该从事的业务。企业需要根据自身的愿景和长远目标,以及外部环境的变化和市场的需求,明确自己的业务范围和重点领域。这涉及对市场的深入分析和对竞争对手的评估,以及对企业自身资源和能力的评估。只有明确了应该做什么业务,企业才能有针对性地开展后续的经营活动,实现长远的发展目标。

(2) 合理地配置资源。资源包括资金、人力、技术、品牌等各个方面,在资源有限的情况下,企业需要合理地配置这些资源,以最大化地发挥其效益。这需要管理层对资源的优先级进行评估和确定,将资源集中用于最有利于实现企业战略目标的领域。同时,企业还需要不断地进行资源优化和整合,以适应市场的变化和竞争的挑战。

(3) 取得并保持竞争优势。竞争优势是企业在市场竞争中脱颖而出的重要保障,可以通过技术创新、品牌建设、成本优势等方式实现。管理层需要不断地寻求创新和改进,提高产品和服务的质量和效率,以满足客户需求并赢得市场份额。同时,企业还需要不断地提升自身的竞争能力,保持与竞争对手的差异化,确保在市场中保持领先地位。

2. 经营单位战略

经营单位战略旨在帮助经营单位更好地理解和执行公司总体战略,通过制订具体的经营战略计划,在特定的细分市场中提升竞争力,实现可持续发展。

(1)经营单位战略可以将公司的总体战略细化为可操作的战略计划。公司总体战略通常较为宏观,而经营单位战略则更贴近具体业务和市场环境。通过制定经营单位战略,企业能够更好地了解和应对特定市场的需求和竞争态势,从而提高市场占有率和盈利能力。

(2)经营单位战略有助于实现资源的有效配置和利用。不同的经营单位可能面临不同的市场挑战和机遇,拥有不同的资源和能力。通过制定针对性的经营单位战略,企业可以更好地调动和利用各个单位的资源,提升整体绩效和竞争力。

(3)经营单位战略能够增强企业的灵活性和应变能力。随着市场环境的变化和竞争格局的调整,企业需要不断调整和优化自身的经营策略。经营单位战略的制定和执行过程中,企业可以及时地识别和应对市场变化,灵活调整战略方向,以保持竞争优势和适应市场需求。

(4)经营单位战略需要全员参与和协同合作。在制定和执行经营单位战略的过程中,需要各个部门和岗位之间密切合作,形成统一的战略执行团队。只有通过全员参与和共同努力,才能够实现战略目标和持续增长。

3. 职能战略

职能战略是为了配合公司整体战略和经营单位战略而特别设计的一项管理战略。它的主要目的在于有效地协调和管理各个职能管理部门,以支持和促进公司整体战略的实施和落实。通过职能战略的制定和执行,企业可以更加合理地配置和利用公司资源,从而提高生产效率、降低经营成本,实现长期可持续发展。

职能战略包括了一系列详细具体的方案和计划,涵盖了企业生产经营的各个方面。其中包括了市场营销战略、财务管理战略、人力资源战略、发展经营战略以及技术研究战略等内容。这些战略的制定需要考虑到公司的整体战略目标和市场环境的变化，以确保各个职能部门的工作能够有效地支持和服务于公司的长远发展目标。

市场营销战略主要着眼于如何更好地满足客户需求，提高产品销售额和市场份额。财务管理战略则关注于如何有效地管理公司的财务资源，确保资金的合理利用和对风险的控制。人力资源战略则致力于吸引、培养和激励优秀人才，建立人力资源的核心竞争力。发展经营战略则涉及公司的长期发展规划和战略合作伙伴的选择，以实现业务的持续增长和多元化发展。技术研究战略则聚焦于技术创新和产品研发，以保持企业在市场上的竞争优势。

(三) 企业战略的主要过程

企业的战略管理过程其实是一个动态的过程，既包括了针对企业的未来发展方向制定合适的发展策略的过程，也包括实施这些决策内容的过程。大体上来看，完整的战略管理过程可以划分成三个阶段：战略分析阶段，战略选择和评价阶段，战略实施和控制阶段。

(1) 战略分析阶段。这一阶段，企业需要对外部和内部的战略环境进行全面深入的分析和评估。外部环境包括市场、竞争、政策法规等因素，而内部环境则包括企业资源、组织结构、员工素质等方面。通过对环境的分析，企业可以了解未来的发展趋势和可能的影响，为后续的战略制定提供重要参考和依据。

(2) 战略选择和评价阶段。这一阶段，企业需要根据对环境的分析，制订一系列的战略方案，并对这些方案进行评估和比较，以选择出最优的战略方案。评价的标准包括与企业目标的一致性、资源的可行性、风险的承受能力等。这一阶段实质上是一个战略决策的过程，需要经过深思熟虑和充分论证，确保选择的战略能够有效地支持企业的长远发展。

(3) 战略实施和控制阶段。一旦确定了战略方案，企业就需要将其转化为具体的行动计划，并付诸实施。这包括对组织结构、人员配备、资源配置等方面进行相应的调整和改进，以确保战略能够顺利地实施。同时，在实施过程中，企业需要建立有效的控制机制，及时收集和分析信息，监测战略的执行情况，并根据实际情况进行调整和修正，以确保战略能够达到预期的效果。

(四) 企业战略的环境分析

企业的环境可分为四个层次，即宏观环境、行业环境、竞争对手和内部环境，前三种环境可统称为企业外部环境。

1. 企业外部环境分析

(1) 宏观环境分析。宏观环境分析是企业外部环境分析的重要组成部分。通过对政治、经济、社会、技术等方面的分析，企业可以了解到这些宏观环境因素对其战略目标和选择的影响。政治与法律因素可能影响企业的市场准入和运营环境；经济因素会影响企业的发展前景和市场需求；社会与自然因素则涉及消费者需求和环境保护等方面；技术因素则直接影响企业的生产力和创新能力。

(2) 行业环境分析。行业环境的竞争程度、利润潜力以及供应商、买家、新进入者、替代品等因素的影响，直接决定了企业在行业中的竞争地位和发展空间。因此，企业需要对行业环境进行深入分析，以制定相应的竞争策略和发展规划。

(3) 竞争对手分析。竞争对手的行为和策略直接影响企业的市场地位和业绩表现。通过对竞争对手的假设、现行战略、能力和长远目标等方面进行分析，企业可以更好地了解竞争对手的动向和意图，从而制定相应的竞争策略和应对措施，保持竞争优势和市场份额。

2. 企业内部环境分析

企业的内部环境直接影响着企业的竞争力、利润目标的实现以及整体发展的方向。内部环境包括了企业的组织结构、物质基础、文化构成以及企业家精神，这些因素相互作用、相互影响，共同构成了企业内部的有机整体。

(1) 企业的组织结构是内部环境的重要组成部分。一个合理、高效的组织结构可以促进信息的流通和决策的执行，提高企业的运行效率和灵活性。同时，组织结构的灵活性和适应性也决定了企业的应变能力和创新能力。

(2) 企业的物质基础包括了生产设备、技术水平、资金状况等方面。这些物质基础的充实与否直接影响企业的生产效率和产品质量，进而影响企业的竞争力和市场地位。

(3) 企业的文化构成是内部环境的重要组成部分之一。企业文化反映了企业的核心价值观和行为准则,它影响着员工的行为和决策,塑造着企业形象和品牌形象。一个积极向上、创新开放的企业文化有助于激发员工的工作激情和创造力,推动企业的发展。

(4) 企业家精神是内部环境的灵魂所在。企业家精神体现了企业家的理念、意志和品质,它决定了企业的发展方向和决策风格,推动着企业不断创新和进步。

在分析企业的内部环境时,需要从多个方面进行综合考量:首先,对企业的文化进行分析,了解企业的核心价值观和行为规范,进而指导员工的行为和决策;其次,对企业的组织结构进行评估,检查其是否灵活高效,是否能够适应外部环境的变化;再次,对企业的物质基础进行分析,了解企业的生产设备、技术水平、资金状况等情况,评估其对企业运营的支撑程度;最后,对企业的创新能力、市场竞争力等方面进行评估,全面了解企业的内部实力和外部竞争地位。

(五)企业战略的类型选定

1. 企业总体战略

现代企业总体战略是企业最高层次的战略,一般来说,可以分为以下三类:

(1) 稳定型战略。稳定型战略核心在于在特定时期内,企业通过维持当前的经营状况,不急于追求快速增长,而是稳健地前行。这种战略并非意味着企业停滞不前,而是在稳定的基础上适度地发展。

对于处于相对稳定增长行业或环境中的企业来说,稳定型战略是一种较为有效的选择。比如,公用事业、运输、银行、保险等领域的企业,它们所处的市场环境相对稳定,需求变化不大,因此采取稳定型战略更具合理性。这样的战略选择有助于企业降低经营风险,保持稳定的经营状况,同时也有利于企业长期稳健地发展。

稳定型战略的优势在于其风险较小。相对于其他战略类型,稳定型战略更注重稳健发展,不追求过快的增长,从而避免了一些潜在的经营风险和不稳定因素。这种稳健的经营策略有助于企业保持可持续性,降低了面对市场波动和竞争压力时的不确定性。然而，稳定型战略也存在一定的局限性。由于其着眼于维持当前的经营状况，可能会导致企业在市场竞争中缺乏灵活性和创新性，从而错失一些发展机会。此外，如果行业环境发生剧烈变化，企业仍然固守稳定型战略，可能会导致市场份额和竞争力的下降。

（2）增长型战略。增长型战略是企业在现有基础上向更高一级方向发展的战略选择，主要包括集中型发展战略、一体化发展战略和多样化发展战略。

第一，集中型发展战略。集中型发展战略着重于集中企业资源，以加快某种产品的销售额或市场占有率增长速度。在实施集中型发展战略时，企业可以采取几种具体措施：①通过产品开发来扩充现有产品线或推出新产品；②通过市场开发来拓展销售范围，进入新的国内外市场；③通过市场渗透来提高对现有市场的渗透率，通过差异化产品、价格策略和促销策略来吸引竞争对手的客户。

第二，一体化发展战略。一体化发展战略是指企业沿着产品或业务生产经营链条的纵向或横向扩展业务，以提高利润为目标的战略。纵向一体化战略主要是在供应链或销售链的上下游进行整合，例如企业可以选择向上游的原材料生产领域或向下游的销售渠道领域延伸；而横向一体化战略则是通过收购或合并同行业内的其他企业，来拓展企业的业务范围和市场份额。

第三，多样化发展战略。多样化发展战略是指企业在现有设备和技术基础上，开发与现有产品或服务不同的新产品或服务。这种战略又可以分为相关多样化和非相关多样化两种形式。相关多样化指企业在现有业务领域的基础上，开发与现有产品或服务相关的新产品或服务，以扩大市场份额；而非相关多样化则是企业在不同领域开发新产品或服务，以降低风险和实现利润多元化。

（3）紧缩型战略。紧缩型战略是企业在面对一定挑战或困境时所采取的一种应对策略，旨在通过收缩和调整来应对当前的经营困境，为企业未来的发展创造更有利的条件。紧缩型战略的核心在于在短期内采取一些有限的行动，以应对眼前的困境，为未来的转型和发展创造条件。

第一，抽资转向战略。企业在资金紧张或者财务状况不佳时，可能会选择减少在特定领域内的投资，以降低成本、改善现金流，并为其他业务领域提供必要的资金支持。这种战略的核心在于资金的灵活调配,通过抽取资金来应对当前的经营困境,为企业的生存与发展创造更有利的条件。

第二,调整战略。企业在面临市场变化、竞争压力或者内部管理问题时,可能会采取一系列调整措施,以提高运营效率、优化资源配置,并为企业渡过难关创造条件。这种战略的关键在于企业能否及时发现问题、果断调整,并在调整过程中保持灵活性和适应性。

第三,放弃战略。当某些业务领域无法为企业带来良好回报或者经营成本过高时,企业可能会选择放弃这些领域,以减少损失,集中精力和资源进行更为有利的经营。这种战略的核心在于企业的战略调整和资源重新配置,以期通过放弃一部分业务来提高整体效益。

第四,清算战略。当其他战略失效,企业陷入无法挽回的困境时,企业可能会选择清算战略,即通过拍卖资产或者停止全部经营业务来结束公司的存在。这种战略的采取往往代表着企业的失败和无奈,但也为企业管理者提供了一种最后的选择。

2. 企业竞争战略

企业竞争战略是指企业在特定的业务或行业内,为了取得竞争优势而采取的一系列战略措施。在竞争环境中,有三种基本的战略方法可以为企业提供成功的机会。

(1) 成本领先战略。成本领先战略,也称为低成本战略。这种战略的核心是在追求产量规模经济效益的基础上,通过降低产品的全部成本,以比竞争对手更低的成本优势来战胜竞争对手。成本领先战略要求企业在生产、采购、运营等方面不断提高效率,降低生产成本,从而能够提供价格更具竞争力的产品或服务。

(2) 差异化战略。差异化战略是企业提供与众不同的产品或服务,以满足顾客特殊需求的战略。差异化战略要求企业在产品设计、品质、品牌形象、售后服务等方面与竞争对手有所区别,从而形成顾客对产品或服务的认同感和忠诚度。

(3) 集中化战略。集中化战略,也称为目标集聚战略。这种战略是企业将经营战略的重点放在一个特定的目标市场上,并为该市场提供特定的产品或服务。企业通过集中化战略可以更好地满足目标市场的需求,提供针对性更强的产品或服务,从而在特定市场中形成竞争优势。

(六) 企业战略的具体实施

1. 资源规划与配置优化

企业一旦选择了合适的战略方案,战略管理活动的重点就从战略选择转移到了战略施行阶段,战略施行就是实施战略方案的过程。只有当企业的各种因素互相适应和互相匹配时,战略施行才有可能取得成功。因此,应对战略施行所需的资源进行规划和优化配置,并根据战略方案对组织结构进行调整。同时,应处理好战略与企业文化的关系,对各方面进行统筹考虑。

(1) 资源规划和配置与战略的匹配。企业需要根据所选择的战略方案,合理规划和配置各项资源,以支持战略目标的达成。资源规划不仅涉及公司整体层面的资源分配,也包括经营层次的资源规划,通过对资源需求的清单制定,确定关键的价值活动,以及确保资源与战略的一致性,从而保障战略实施的顺利进行。

(2) 组织结构调整与战略的匹配。企业需要建立适合所选战略方案的组织结构,通过正确分析企业组织的优势和劣势,设计出能够适应战略需求的组织结构模式。这包括划分管理层次、责权利匹配和人才选拔等方面的工作,以确保组织结构与战略目标的高度契合,为战略的顺利实施提供有力支持。

(3) 企业文化与战略的匹配。企业文化在很大程度上决定了员工的行为方式和价值观念,直接影响着战略的执行效果。因此,企业在实施战略时,必须与企业文化建设相匹配,通过协调新旧文化的更替,确保企业文化与战略目标的一致性,从而增强员工的战略执行力和组织的凝聚力。

2. 企业战略性薪酬绩效

企业战略性薪酬绩效是指企业在薪酬管理方面通过相关功能的筛选、激励和导向,以实现企业和员工双方较为满意的结果执行的行为。这一概念涵盖了企业绩效和人力资源两个重要方面。企业绩效的良好实现直接关系到企业战略目标的达成,而人力资源的错误处理可能导致战略执行中的失误,甚至对企业造成严重影响。

(1) 战略性薪酬绩效是结果和行为(过程)的统一体。绩效不仅是事情结果的体现，也涉及行为的导向和执行过程。这种绩效观念将行为和结果相互关联起来，使企业能够全面评估员工的表现，并据此制定相应的薪酬激励机制。

(2) 战略性薪酬绩效不仅记录了企业过去的表现，还能够为未来提供展望。除了对员工过去行为的记录和评估，它还能够指导员工未来的工作方向和目标，为企业未来的发展提供有价值的参考和支持。这种绩效观念不仅注重过去的成绩，更强调未来的发展潜力和方向。

(3) 战略性薪酬绩效含义的广泛性。战略性薪酬绩效具有广泛的含义，不同时间、对象和发展阶段的差异都会影响其具体内涵。在不同的企业和行业中，员工对绩效的理解和评价方式可能存在差异。同时，发展阶段不同的企业对绩效的重视程度和评价标准也会有所不同。高层管理者往往更加关注结果导向，而基层员工可能更注重过程导向。这种差异化的绩效观念在不同层次和级别的企业中会呈现出不同的特点和趋势。

二、企业战略管理及其重要性分析

(一) 企业战略管理的特征

1. 全局性

在企业管理中，战略管理被视为全局性的核心实践。这一概念强调企业管理的整体性，将各项活动纳入一个统一的框架，以追求整体效果。企业战略管理的全局性体现在对各部门行动的协调和引导上。通过确立企业的使命、目标和战略，各个部门的行动得以有序地进行，相互之间形成协同效应。例如，如果企业的使命是提供高品质的产品和服务，那么各部门的行动就应该围绕着这一使命展开，从产品研发到市场营销，都需要在整体战略的指引下进行。这种全局性的战略管理方式有助于确保企业的各项活动都朝着共同的目标前进，最终实现整体的成功。

2. 长远性

战略管理还具有长远性的特点，它需要综合规划企业未来较长时间的生存和发展。这种长远性的管理是基于对未来预期或预测的理解和把握。成功的战略管理不仅需要对当前情况进行分析，更需要对未来可能的变化有清

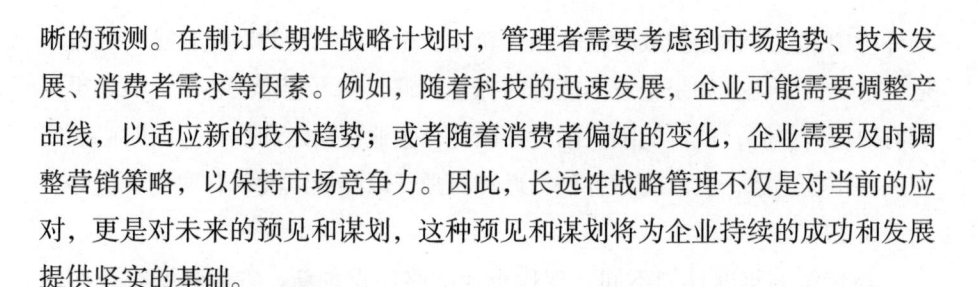

晰的预测。在制订长期性战略计划时,管理者需要考虑到市场趋势、技术发展、消费者需求等因素。例如,随着科技的迅速发展,企业可能需要调整产品线,以适应新的技术趋势;或者随着消费者偏好的变化,企业需要及时调整营销策略,以保持市场竞争力。因此,长远性战略管理不仅是对当前的应对,更是对未来的预见和谋划,这种预见和谋划将为企业持续的成功和发展提供坚实的基础。

3. 竞争性

企业战略的本质是一种竞争性的战略。尤其对于规模较小的企业而言,其总体发展战略与经营战略可以说是合而为一的。企业制定战略的根本目的在于在激烈的市场竞争中与竞争对手相抗衡,确保自身在市场中的竞争地位。

在竞争激烈的市场环境中,企业必须通过制订行动方案来应对竞争压力,获取优势地位,战胜竞争对手,以保证自身的生存和发展。这就需要企业通过制订明确的战略目标和计划来应对市场上的挑战,积极寻求突破和创新,以确保企业能够在竞争中脱颖而出。

企业的经营战略之所以产生和发展,正是因为企业需要在竞争激烈的市场环境中生存和发展。与企业日常的生产经营活动中以增加经济效益、提高管理水平为目的的行动方案不同,企业战略更加注重长期发展目标的实现,着眼于竞争对手之间的相互制衡和市场地位的稳固。

4. 风险性

企业在制定和执行战略时都面临着巨大的风险。这种风险不仅源于外部环境的不确定性和变化,也与企业内部的能力和素质密切相关。

(1)企业很难在信息充分的情况下作出战略决策,因为环境变化的极端复杂性使未来的走势难以准确预测。即使企业尽力收集和分析各种信息,仍然难以避免战略决策所带来的风险。

(2)一旦战略实施,就会影响到企业的整体运营。任何战略的成功与否都会对企业产生深远的影响,甚至可能改变企业的命运。管理学者们普遍认为,企业中最大的失误往往就是战略决策失误,这说明了企业战略实施所承担的风险之重。

(3)战略机会和威胁的转化也是企业面临的风险之一。在不断变化的市场环境中，战略机会和威胁经常相互转化，企业必须随时调整自己的战略以适应市场的变化。如果企业不能及时抓住机遇，就可能错失良机；而如果不能有效应对威胁，就可能陷入困境。因此，企业在制定和执行战略时必须密切关注市场动态，灵活应对各种机遇和挑战，以降低风险并获取竞争优势。

5. 创新性

与传统的年度计划不同，现代企业战略注重创新。它们强调企业必须不断地进行创新，开拓新的生产经营领域，摒弃过时、低效、陈旧的生产方式。在 21 世纪，企业必须不断创新才能与时代接轨，赢得消费者的认可和青睐。因此，当今时代的竞争是创新的竞争，只有通过持续不断地创新，企业才能在市场中立于不败之地，奠定企业发展的坚实基础。

创新是企业生存与发展的重要动力。在不断变化的市场环境中，企业需要不断地创新以适应新的需求和变化。创新可以是产品创新，即开发新产品或改进现有产品，以满足消费者不断变化的需求。同时，创新也可以是技术创新，即应用新的技术和方法来提高生产效率和产品质量。此外，创新还可以是管理创新，即改进企业的管理方式和组织结构，以提高企业的竞争力和适应能力。

企业战略中的创新性体现在对过去传统经营模式的挑战和革新上。企业需要不断地进行"创造性的毁灭"，即摒弃过时的生产方式和经营理念，勇于尝试新的思路和方法。只有不断地进行创新，企业才能在市场竞争中立于不败之地，保持持续发展的动力。

6. 应变性

无论当前的市场还是未来的市场，都充满了各种不确定性的因素。在这样的环境下，企业必须具备灵活的战略应对策略，以适应和抵御不确定性所带来的挑战。

(1) 企业战略需要及时调整和变革以适应环境的变化。由于市场环境的不确定性，企业的竞争对手、顾客需求、技术发展等方面都可能发生变化。因此，企业必须随时根据市场动态进行战略调整，及时制定新的应对策略，以确保自身的竞争力和发展优势。

(2) 企业战略必须考虑自身行为对环境的影响。企业的创新和发展往往会对市场环境产生影响，可能引发行业变革和市场结构的调整。因此，企业在制定战略时必须审慎考虑其行为对环境的影响,并采取措施来降低可能带来的负面影响,以促进整个市场的健康发展。

(二)企业战略管理的路径

企业战略管理的关键点在于使用新科技与时俱进和重视绿色生产与消费。随着技术的飞速发展,企业必须不断地更新和采纳新科技,以保持竞争力并实施有效的战略管理。这包括但不限于数字化技术、人工智能和大数据分析等,这些技术能够提高生产效率、优化资源配置、提高服务质量,从而为企业在市场上赢得更大的份额提供支持。同时,绿色生产和消费的重要性日益凸显。随着环境保护意识的提高,消费者越来越倾向于选择环保产品和服务。

1. 采用技术创新和技术模仿战略

在当前经济全球化加深的背景下,传统核心要素已经不足以支撑企业的竞争优势,因此,企业必须进行重大变革。技术作为全球化经济中至关重要的因素之一,具有提升产品质量、降低成本、扩大市场份额、增强竞争力等重要作用。然而,我国许多企业仍以劳动密集型产品为主,这些企业迫切需要加大技术创新力度以适应全球市场竞争的需求。为了实现技术创新,企业需要加大投资、不断开发新产品、加快更新换代,并且借鉴国际成功经验以提升自身创新能力。同时,为了激励员工的创新意识,企业应该营造良好的创新工作环境和机制,使员工能够充分发挥自己的创造力。对于那些缺乏自主创新能力的企业来说,技术模仿是一种有效的战略选择。通过快速学习和应用他人的成功经验,企业可以降低创新风险,提高自身的竞争力。

2. 制定绿色管理战略

企业在当今社会面临着越来越多的环境挑战,而制定绿色管理战略已成为企业必须面对的重要任务。绿色管理不仅是环境保护的需要,更是企业可持续发展的关键所在。在制定绿色管理战略时,企业可以从以下多个方面入手。

(1)企业应以人为本,积极调动员工参与。领导层在绿色管理理念上的引领至关重要,他们需要深入学习研究绿色管理和可持续发展理论,树立绿色经营理念,从而推动企业实现绿色经营、生产和销售。此外,技术人员的环境技术应用程度对于绿色生产的实现至关重要,他们需要不断提升自己的环境知识和技能,致力于减少材料运用和污染。同时,对员工进行环保理念的培训也至关重要,这使他们能够围绕清洁生产进行工作活动。

(2) 企业需要展开绿色营销,以切实贯彻环保理念。在商品技术选择阶段,企业应将环境污染降到最低程度;在产品设计和包装方面,应减少原料使用并尽量利用回收资源;在引导消费者使用商品时,应将环境保护理念贯穿其中,通过包装宣传等方式提高消费者对环保的意识。通过这些方式,企业能够将环保理念融入整个生产和销售过程中,从而实现绿色营销的目标。

(3) 企业在面对激烈的市场竞争时,绿色管理将成为新的竞争焦点。随着公众对环境保护的日益重视,绿色管理已经成为企业竞争的重要因素。因此,企业要想在市场竞争中立于不败之地,就必须认真贯彻绿色管理理念,积极响应社会对环保的呼声,不断推进环保工作,从而实现可持续发展的目标。

(三) 企业战略管理对企业管理的重要性

首先,在战略实施的过程中,需要特别注意实施和控制,这是战略实施的核心内容。企业需要建立有效的执行机制和监控系统,确保战略的顺利执行并及时发现问题。其次,根据关键点和价值着力点调整战略实施。企业需要根据市场需求、竞争态势等因素灵活调整战略方向和重点,以确保战略的有效性和适应性。再次,随着外部环境和内部条件的变化,企业还需要及时修订和调整战略设计,保持战略的灵活性和适应性。最后,在战略控制中,企业应按照既定的设计和部署控制实施的进程、程度和效果,通过监控和评估来确保战略目标的达成,从而实现长期的可持续发展。

1. 有利于我国经济发展以及产业结构调整

随着中国经济从传统的计划经济模式转向市场经济,企业在经济发展中扮演的角色发生了深刻的变化,这对经济转型产生了重大影响。在过去,企业是计划经济体制下的组织,执行国家的指令,扮演着被动的角色。然而,改革开放使企业从被动的组织转变为自主经营的法人实体,成为市场竞争的主体,这意味着企业不再只是执行者,还是市场经济的参与者和推动者。

市场经济的发展带来了更激烈的竞争和多样化的消费需求,企业需要适应这一变化，采取有效的战略管理系统来应对市场挑战。通过提升对市场的认识和不断完善战略行动，企业促进了市场经济的发展。企业的战略实施不仅影响着自身的发展，也影响着整个行业的结构和市场竞争格局。因此，战略管理成为构成行业基本单元的关键因素之一。

企业需要明确自身的战略目标，根据自身资源和市场环境的变化制定适合的战略，以满足市场的差异化需求。这种对战略目标和市场需求关联性的认识，有助于改善行业结构，提升企业的国际竞争力。此外，战略管理不仅对企业自身发展至关重要，也对整个行业和国家经济的发展具有积极推动作用。通过有效的战略管理，企业能够更好地把握市场机遇，应对挑战，提升竞争力，从而推动整个经济体系的发展。

2. 有利于增强企业的竞争力

（1）企业战略管理有利于企业建立长远的发展方向和奋斗目标。通过战略管理，企业能够将长期目标与日常经营计划相结合，调动全体管理人员的积极性，充分利用各种资源并提高协同效果。这种统一的长远发展目标使企业的经营更有针对性和前瞻性，有助于企业在市场竞争中占据有利位置。

（2）企业战略管理有助于企业明确在市场竞争中的地位。通过科学合理的竞争战略，企业能够准确认知自身在市场竞争中的位置，并制定出符合实际的经营战略。这有助于企业有效应对市场竞争，提高竞争力，从而取得更好的经营业绩。

（3）企业战略管理有利于全面推行现代化管理。战略管理要求企业在思想、组织、人员、方法和手段等方面实现现代化，从而提高管理的效率和水平。管理者须以战略的眼光分析和处理企业的经营问题，适时调整组织结构，培训和任用适当的管理人员，综合运用各种有效的管理手段和方法，以实现战略目标。这种现代化管理的推行有助于企业更好地适应市场变化，提高竞争力。

（4）企业战略管理有利于保持长久的生命力。在激烈的市场竞争中，企业若能拥有系统的战略思维和完整的战略管理方法进行引导，将明确的战略目标作为方向，便能在市场中立于不败之地，拥有更强的生命力。通过实施战略管理，企业能够不断改进管理方法，优化内部组织结构，增强整个组织的凝聚力，从而获得稳定的发展和不断的成功。

三、企业社会责任与战略管理的逻辑关系

企业社会责任的发展与成效已在中国取得一定进展,然而,大多数企业仍未将其融入高度的业务战略。随着现代社会对企业社会责任的重视不断增强,企业开始意识到将其纳入战略选择的重要性。将企业社会责任融入战略选择将有利于企业的长期发展和利益实现。

(一)企业履行社会责任是企业的必然战略选择

随着经济全球化的深入,企业社会责任在全球范围内迅速发展,并对各国企业和社会发展产生了深远影响。《中华人民共和国公司法》明确规定了企业必须承担社会责任,这既来自国际上的压力,也是为了增强企业的竞争力。因此,将企业社会责任融入企业整体战略已成为企业的迫切需求。

随着社会对可持续发展的关注和要求日益加深,环境保护将得到更多关注,企业社会责任也将更加成熟。因此,将环境保护纳入企业发展战略框架成为中国经济发展的必然选择。从策略高度来看,企业履行社会责任不应被简单视作负担,而应将其视为企业经营管理战略的重要组成部分。将社会责任作为投资,可以为提高企业竞争力和可持续发展作出贡献。迈克尔·波特曾指出,企业社会责任并非简单意味着成本、约束或慈善活动的需要,而是企业实现创新和提高竞争优势的潜在机会。因此,许多国外企业已将企业社会责任视为战略的一部分,并将其融入企业的制度设计和公司治理中,以确保企业社会责任与企业长远收益的高度统一。

事实上,企业履行社会责任有助于打造社会责任竞争力,获取竞争优势和长远、持续的战略利益。从内部竞争力角度看,企业社会责任要求企业重视环境保护,提升创新意识,并改善员工工作生活环境,从而提高员工忠诚度和工作效率。长期来看,企业社会责任还能降低企业运营成本,吸引更多人才,优化生产经营效率。而从外部效益来看,企业履行社会责任有助于提升企业形象,吸引顾客,获取政府政策支持,建立良好的企业政府关系。

(二)基于企业社会责任的战略管理策略

在当今蓬勃发展的企业社会责任环境下,将社会责任纳入战略管理是

企业成功的必要条件之一，其有助于实现双赢局面。虽然企业对社会责任的意识日益增强，但仍存在将其融入战略管理的误区，因此需要更深入的理解和认识，以促进企业的长远发展。

(1) 社会责任在企业战略管理中扮演着关键的角色。可持续发展已经成为企业战略的核心，而社会责任则是实现可持续发展的重要因素之一。企业战略与社会责任共同关注资源的合理利用，力图实现可持续的发展目标。在这个过程中，企业需要权衡短期利益与长远目标，将社会责任纳入战略管理，以确保战略的可持续性和长期成功。

(2) 社会责任在内外环境整合中具有重要作用。外部环境对于企业战略的成功实施至关重要，因此企业需要深入分析外部环境，并采取灵活的应对策略，以获取发展机遇并应对挑战。与此同时，内部资源的优化配置也是企业实现战略目标的关键。在履行社会责任的过程中，企业需要注重各方利益，推动内部资源的优化配置，从而更好地实现战略目标。

(3) 社会责任作为对企业战略的补充，具有广泛而系统化的范围。通过履行社会责任，企业能够提升其形象和声誉，增强与利益相关者之间的互信关系，为企业的长期发展奠定坚实的基础。因此，将社会责任纳入战略管理是必要的举措。这不仅有助于促进企业的可持续发展，还能推动企业与社会共同进步，实现双赢的局面。

(三) 企业社会责任融入企业战略的关键

企业领导人在实施企业战略时，必须深刻认识到企业承担社会责任的必要性与重要性，并将其纳入企业战略框架中，建立相应的企业文化，以确保社会责任理念能够贯彻到企业的所有员工中。在此过程中，需要特别注意以下方面：

(1) 企业领导人需要正确理解社会责任。社会责任并非简单的慈善行为或负担增加，而是与企业的长远发展密切相关。因此，企业领导人应将其视为企业战略的重要组成部分，而不是简化为一种负担。正确理解社会责任的本质，有助于企业领导人更好地规划战略，使社会责任与企业长远目标相一致。

(2) 企业应适度履行社会责任。企业在承担社会责任时，应根据自身资源条件和特点，有针对性地选择合适的方式。这意味着企业不应盲目追求数量，而是应关注质量。企业需要将社会责任融入企业战略中，确保其与企业长远发展目标相一致。只有这样，企业才能在履行社会责任的同时保持竞争力和可持续发展。

(3) 企业在履行社会责任时，应确保与企业战略保持一致。这意味着企业的社会责任行为应该与企业的长期目标相契合，促进企业获得社会和经济利益。不一致的行为可能会扰乱战略实施，阻碍企业长远发展。因此，将社会责任视为促进企业长期竞争力和可持续发展的重要手段是至关重要的。

(四) 企业社会责任与企业战略的相互作用

企业社会责任与企业战略之间存在着相互作用的关系，彼此相辅相成，共同推动企业的可持续发展。一方面，企业战略的制定直接影响着企业的社会责任履行。企业在制定战略时，不仅要考虑自身的利益，还要考虑外部利益相关者的利益。因此，企业战略往往会受到企业社会责任的影响。外部利益相关者通过合作原理、持续创造原理和复杂性原理等方式影响企业的战略制定，从而影响企业的竞争环境、竞争优势和竞争目标，进而影响企业的战略的成败。另一方面，一旦企业战略成熟，它也会反过来影响企业的社会责任。企业战略的成熟意味着企业已经明确了自己的发展方向和目标，这样的战略思想会激励企业上下积极关注社会责任，并将其融入企业的日常经营中。例如，某些企业将振兴民族工业作为自身的战略目标，这种战略思想会激发企业对社会责任的主动关注，促使企业在实践中积极履行社会责任。企业战略的成熟程度和实施效果将直接影响到企业对社会责任的履行程度和质量，从而实现企业在社会责任领域的持续改进和发展。

第四章 企业社会责任管理及报告的审验

在企业社会责任的实践中，建立有效的管理体系和进行透明的报告审验是确保责任履行的关键环节。本章围绕企业社会责任的管理体系、企业社会责任管理的绩效评价、企业社会责任报告及审验展开论述。

第一节 企业社会责任的管理体系

一、企业社会责任日常管理体系

企业社会责任日常管理体系的核心在于完善各部门、各单位、各岗位的工作职责、管理要求与行为守则，确保企业全面履行社会责任。这一管理体系旨在使企业在完成经济责任的同时，也能承担社会责任，促进可持续发展。为了实现这一目标，企业需要建立完善的管理支持体系，包括人力资源、财务、科技、信息资源管理、企业文化建设和风险控制等。通过这些支持体系的有效运作，可以保障社会责任得到充分履行。企业应当将社会责任置于首位，制定制度、分配资源和配置人员时充分考虑社会责任，将利益相关方的期望和需求融入日常管理和运营工作中。

在建立企业社会责任日常管理体系时，管理者需要通过人力资源管理培养具有社会责任意识的员工队伍。这意味着不仅要关注员工的专业能力和工作表现，还要注重培养员工的社会责任意识和价值观。通过相关培训、教育以及激励机制的建立，可以促使员工更加积极地参与到企业的社会责任实践中，从而推动企业的可持续发展。此外，财务资源管理也是企业社会责任管理的重要一环，确保社会责任资金合理分配利用，同时加强透明度和监督机制，以防止资源的浪费和滥用，从而实现资源的最大化利用。

另外，企业还需要通过建立健全的风险控制体系来应对各种风险和挑

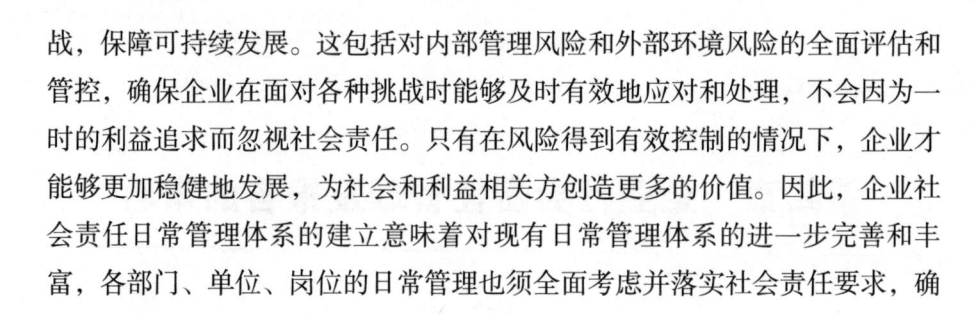

战，保障可持续发展。这包括对内部管理风险和外部环境风险的全面评估和管控，确保企业在面对各种挑战时能够及时有效地应对和处理，不会因为一时的利益追求而忽视社会责任。只有在风险得到有效控制的情况下，企业才能够更加稳健地发展，为社会和利益相关方创造更多的价值。因此，企业社会责任日常管理体系的建立意味着对现有日常管理体系的进一步完善和丰富，各部门、单位、岗位的日常管理也须全面考虑并落实社会责任要求，确保运营满足安全、高效、绿色、和谐等多方面的要求。

二、企业社会责任组织管理体系

企业社会责任组织管理体系是企业实现可持续发展的重要组成部分。其中，明确的组织结构是确保企业社会责任有效实施的关键。

（1）企业需要设立专门部门或委员会，负责制定、执行和监督社会责任政策和计划。这个部门或委员会应该具备权威和影响力，能够协调各个部门的资源，推动企业的社会责任工作。这样的组织结构不仅能够确保企业社会责任工作得到专门的关注和管理，还能够提高企业社会责任的执行效率和效果。

（2）在企业社会责任管理体系中，明确人员的职责、权限和关系至关重要。各部门应该清晰地界定社会责任的职责和权限，并建立有效的沟通和协调机制。这有助于促进信息的共享和资源的整合，确保责任能够落实到位。只有在各个部门之间形成了良好的协作和配合关系，企业的社会责任才能够得到全面、有效的实施。

（3）支持可持续发展是企业社会责任管理体系的核心目标之一。通过规范管理与实施社会责任，企业能够提升自身形象和声誉，增强利益相关者的信任与支持，进而促进资源的有效配置和利用，提高企业的竞争力。在当今社会，越来越多的消费者、投资者和政府机构都对企业的社会责任表现给予关注，良好的企业社会责任管理体系不仅是对企业的道德要求，也是经济效益和社会效益的有机结合。

然而，建立与完善企业社会责任管理体系并非易事，需要企业投入大量的人力、物力和财力。这包括制定政策、建立监督评估机制等方面的投入。同时，领导者需要具备高度的社会责任意识和管理能力，能够引领企业

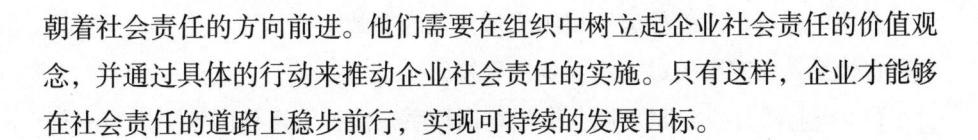

朝着社会责任的方向前进。他们需要在组织中树立起企业社会责任的价值观念，并通过具体的行动来推动企业社会责任的实施。只有这样，企业才能够在社会责任的道路上稳步前行，实现可持续的发展目标。

三、企业社会责任业绩考核体系

企业社会责任业绩考核体系是企业实现社会责任的重要组成部分。其核心在于建立具体的评价与奖惩安排，以促进公司履行社会责任。这一体系包括考核制度和程序两个方面。考核制度应当确立明确的指标和标准，以便对企业的社会责任履行情况进行准确评估。同时，考核程序则需要确保评价过程的公正、客观和科学性，以保证评价结果的可信度和有效性。这种全面的考核体系有助于建立起激励和约束企业履行社会责任的机制，通过评价的结果，发现问题、奖励优秀表现、约束改进不足，从而推动企业持续改进和提升业绩。

建立有效的社会责任业绩考核制度对公司履行社会责任至关重要。首先，这样的制度能够帮助企业准确衡量其社会责任履行的效果。通过定量和定性的指标评估，企业可以清晰地了解其在社会责任领域的表现和不足之处。其次，考核制度有助于企业确定社会责任的目标和方向。通过分析考核结果，企业可以识别出自身存在的问题和改进的空间，从而为未来的社会责任工作制定具体的发展方向和策略。

企业在建立社会责任业绩考核体系时应当坚持效果导向，逐步改进和完善考核内容、标准与方法，以提升社会责任管理能力。这意味着考核体系需要与企业的整体战略和目标相一致，并随着外部环境和内部发展的变化进行灵活调整。同时，企业还应当重视员工的参与和沟通，在制定和执行考核制度的过程中充分听取员工的意见和建议，以增强员工的责任感和归属感，进而推动社会责任的落实和提升。

四、企业社会责任能力建设体系

企业社会责任能力建设体系是指企业为实现履行社会责任目标或职责所需的知识、技能和意愿进行的系统性构建和提升。在这一体系中，员工扮演着至关重要的角色。每个员工都需要明确自己在岗位上应尽的社会责任义务，并积极履行，以确保整个组织管理体系的有效运行。为了建立一个完善的职责体系，有四个关键要素需要被重视。

（1）企业需要建立职工社会责任培训体系，使社会责任因素融入所有员工的职责中，提升员工对社会责任的认知和理解。通过系统的培训，员工能够更深入地了解企业的社会责任使命，从而在日常工作中更加注重社会影响。

（2）建立职责结构定位图是至关重要的，这有助于员工对整个职责系统有清晰认识，明确自己的定位和责任。这样一来，员工在工作中就能更好地理解自己的角色，并且更好地配合团队达成共同目标。

（3）对职责范围、工作程序、行为指标进行详细描述也是必要的，这可以确保员工理解和执行职责的具体要求。明确的描述可以减少误解和偏差，提高工作效率和质量。

（4）向承担职责的员工提供必要的权利和保证条件也是非常重要的，确保他们能够有效履行社会责任。这包括资源、支持以及在必要时提供的指导和培训，以便员工能够胜任自己的工作，同时感到受到尊重和认可。

在实施企业社会责任能力建设时，需要采取一系列重大举措。比如，全员社会责任培训可以确保所有员工都具备必要的社会责任意识和技能；同时，建立社会责任管理制度能够确保责任的落实和监督；开展重大社会责任活动能够提升企业在社会中的形象和影响力；研发和应用社会责任管理工具有助于企业更有效地管理和实践社会责任；加强国内外的社会责任交流有助于借鉴和吸收其他企业的经验和做法；建立社会责任知识管理体系能够促进企业内部的信息共享和学习。这些举措的实施将有助于提升公司及其员工履行社会责任的知识、技能和意愿，同时增强公司在社会责任实践、管理、研究、公益、文化、知识等各个领域的能力。通过这种能力建设体系，企业能够更好地实现自身价值，并为社会可持续发展贡献力量。

五、企业社会责任信息披露体系

企业社会责任信息披露体系是企业履行社会责任的重要环节。它旨在建立健全的信息披露程序和渠道，向利益相关方提供必要信息，并接受其监督和管理。通过多层次、多角度、多渠道的信息披露，企业可以全面、准确、及时地展示其在社会责任履行方面的情况，从而增进共识、赢得信任，促进与利益相关方之间的和谐关系。这一体系的建立有助于提升企业的透明度和公信力，增强社会对企业的信任。

企业社会责任信息披露主要以两种形式呈现：一是定期全面披露，即企业社会责任报告。在编制和发布报告时，企业须纳入内部学习培训、外部对话等环节，确保报告内容全面和可信。此外，应将报告机制建设为学习、对话和改进机制，不断完善社会责任履行方案和措施。二是临时披露形式，即企业社会责任危机处理。危机处理包括预警、应对和善后阶段的信息披露，旨在及时有效地化解危机、维护企业声誉。这两种形式的信息披露都是企业履行社会责任、维护企业声誉的必要手段。

企业社会责任信息披露体系的建立具有重要意义。首先，它通过提供全面、准确、及时的信息，促进企业倾听各方声音，改进和完善社会责任行为，推动可持续发展。其次，它有助于规范企业行为，引导企业积极履行社会责任，推动社会治理进步。然而，企业在建立信息披露体系时面临着一些挑战和困难，如确保信息披露的真实性和可信度，平衡信息披露的及时性和全面性，处理与利益相关方之间的关系等。因此，企业需要提升信息披露的技术水平和管理能力，加强与利益相关方的沟通和合作，实现企业与社会的双赢。

六、企业社会责任监督体系

企业社会责任监督体系包含四个方面的内容，分别为消费者监督、舆论监督、法律监督和行政监督。

(一) 消费者监督

消费者监督是指消费者在使用产品和服务的过程中，发现和反映产品质量相关问题，以此监督产品和服务的质量承诺。作为企业产品和服务的直接受众，消费者享有使用产品和服务的权利，也是企业的重要利益相关者。他们通过购买企业的产品和服务，期待获得对应的使用价值，因此，他们的反馈和意见对于企业来说具有重要意义。

消费者是产品和服务的最直接见证者，他们的感受和体验是最真实、最具权威性的评价。当消费者在使用企业产品和服务时遇到质量问题，例如产品质量不达标、假冒伪劣等情况，他们应该积极向企业、媒体以及消费者协会反映自己的不满，详细描述产品的购买情况，包括销售厂家、购买时间、数量以及售后服务等情况。

消费者监督的作用不仅在于发现问题，更重要的是通过监督促使企业提高产品和服务质量，提高企业的管理水平和诚信度。消费者的反馈和监督可以帮助企业及时发现和解决存在的问题，保障消费者的合法权益，维护市场秩序，推动企业持续改进和发展。

(二) 舆论监督

舆论监督是通过电视、广播、报纸、手机等传媒手段，反映和监督消费者对企业产品质量的呼声。现代传播手段的快速和广泛传播使舆论监督成为一种无处不在的力量。一旦企业的产品出现问题，舆论往往会在几分钟内传遍全国甚至全球。舆论传媒不仅可以帮助企业传播广告，拓展市场，还可以对产品质量进行监督，推动质量与价值相符。例如，当汽车生产厂家发现某个零件存在问题时，通过现代传媒很快就能向全球用户发出召回通知。这样的举措既保护了用户和消费者的权益，又维护了生产厂家的声誉，避免了更大的损失。舆论监督促使企业更加重视产品质量和用户安全，提高了企业的责任意识和社会信誉。

(三) 法律监督

法律监督是通过法律手段对企业社会责任以及产品质量问题实施处罚的监督过程。自1993年以来，国家相继颁布了多项产品质量管理监督的法律法规，如《中华人民共和国产品质量法》及其实施细则《中华人民共和国标准化法》及其实施细则、《中华人民共和国计量法》《中华人民共和国著作权法》《中华人民共和国商品条码管理办法》《中华人民共和国工业产品质量责任条例》《中华人民共和国商标法》《产品防伪监督管理办法》等。这些法律法规从不同角度对企业社会责任和产品质量进行了严格规范和约束，对于未尽社会责任或履行社会责任不到位的企业设定了明确的惩戒和处罚。

这些法律法规的出台为企业社会责任的履行设立了明确的底线，使企

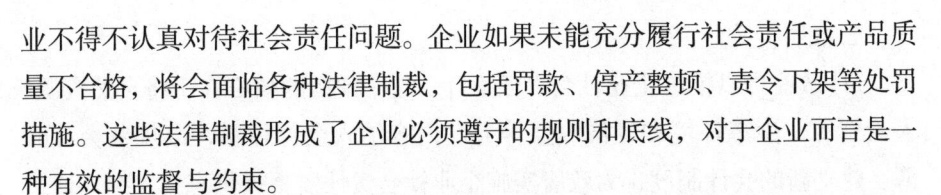

业不得不认真对待社会责任问题。企业如果未能充分履行社会责任或产品质量不合格，将会面临各种法律制裁，包括罚款、停产整顿、责令下架等处罚措施。这些法律制裁形成了企业必须遵守的规则和底线，对于企业而言是一种有效的监督与约束。

法律监督不仅是对企业的约束，也是对整个社会秩序的维护。通过对不履行社会责任或者产品质量不合格的企业进行惩戒，不仅能够保护消费者的合法权益，还能够维护市场的公平竞争环境，促进社会经济的健康发展。

(四) 行政监督

行政监督即通过行政手段监督企业履行社会责任。行政监督分为两大类型：企业内部通过设立相关机构来监督本企业履行社会责任，政府通过行政手段来监督企业履行社会责任。

1. 企业内部行政监督

企业内部行政监督是指企业通过设立不同的部门和机构来监督和管理企业内部的各项运营活动，以确保企业的正常运转和社会责任的履行。在大中型企业中，通常会设立公共关系部、质量检验监测部、国家安全部和售后服务部等部门，每个部门都承担着特定的职责，共同构建了企业内部的行政监督体系。

(1) 公共关系部负责企业形象塑造和危机关系处理，通过对外沟通和形象管理，维护企业的声誉和形象，有效应对各种突发事件和舆情风险，确保企业的可持续发展。

(2) 质量检验监测部负责把控产品质量，不让不合格产品出厂。通过严格的质量检验和监测程序，及时发现和解决产品质量问题，保障产品的质量和安全，维护消费者的合法权益。

(3) 国家安全部负责排除安全隐患，排除三废，使生产过程不发生事故。安全部门负责制定和执行企业的安全生产管理制度，加强对生产过程的监控和管理，确保生产环境安全，避免事故发生，保障员工和社会公众的安全。

(4) 售后服务部负责处理顾客投诉事宜，及时解决顾客的问题和抱怨，提高顾客满意度，维护良好的客户关系，促进企业的长远发展。

2. 政府行政监督

(1) 政府可以推进企业社会责任审计。这一举措的核心在于将自然资源、人力资源、生态环境和经济收益等关键内容纳入会计体系，以规范会计账簿，建立新的会计制度，为政府实施企业社会责任监督提供有力支撑。通过这种审计方式，政府能够更加全面、系统地了解企业的社会责任履行情况，确保企业在经营活动中充分考虑社会、环境和利益相关方的利益，进而促进社会的和谐发展。

在推进企业社会责任审计的过程中，政府应在尊重企业自主经营权的前提下加强对企业社会责任的监督。这包括充分了解企业的守法情况，评估企业的社会责任履行情况，并对认真履行社会责任的企业予以表彰，对严重违法违规的企业进行批评和惩罚。这种差异化的监管方式能够激励企业更加积极地履行社会责任，同时也能有效地遏制违法违规行为的发生。对于发生社会责任事故的企业，政府应不仅追究企业经营者的责任，还要追究相关地方政府负责人的责任。这一举措能够强化地方政府对企业社会责任的行政监督，推动地方政府更加重视和加强对企业的监管工作，确保企业依法经营、履行社会责任，防范和化解社会责任风险。

另外，企业社会责任审计需要建立科学完善的评价指标和评估体系，确保审计结果客观公正、科学合理。同时，政府应当加强对审计机构和审计人员的管理和监督，确保审计工作的独立性和专业性，避免出现利益冲突和失职渎职等问题。

(2) 政府应建立企业社会责任信息备查制度。通过记录和公开企业的社会责任履行情况，加强社会监督，推动企业自觉地承担社会责任。

第一，政府可以设立台账，记录企业履行社会责任的情况。这些台账可以包括企业的捐赠和慈善活动、环境保护措施、员工福利政策等内容。通过建立完善的台账系统，政府可以清晰地了解每家企业的社会责任履行情况，及时发现和纠正不足之处。

第二，政府可以确保这些台账信息的公开透明。通过向公众和利益相关者公开这些信息，政府可以增强社会监督的力度，促使企业更加自觉地履行社会责任。同时，公开透明的制度也有助于激发企业内部的责任意识，推动企业主动采取更多的社会责任行动。

第二节 企业社会责任管理的绩效评价

一、建立企业履行社会责任及评价绩效的内部机制

（一）提升企业的社会责任意识

提升企业的社会责任意识对于构建社会主义和谐社会，实现企业可持续发展至关重要。企业管理层应该深刻认识到，履行社会责任不仅是企业发展的需要，更是企业对社会的回馈和责任担当。在这个过程中，企业高层管理者扮演着至关重要的角色。只有管理层将社会责任管理提升到企业战略的高度，并将其视为全面落实科学发展观的重要方式，才能真正实现企业社会责任的落地和落实。

要形成企业社会责任价值观，需要从多个方面着手：首先，企业应当进行价值观的渗透和排序，建立起明确的伦理宪章，确立企业的价值导向；其次，要重视企业骨干的培训工作，特别是针对企业家、管理层精英和员工，进行科学发展观的培训，提高他们对社会责任的认知和理解；最后，需要抓好道德培育和文化网络建设，营造一种企业社会责任意识的文化氛围，使之贯穿于企业的方方面面，从而达到推动企业社会责任实践的目的。

1. 企业将社会责任建设同企业文化建设相融合

企业文化一直被视为企业生存和发展的精神支柱，它不仅是企业价值观的集中体现，更是企业内部行为和外部形象的重要来源。优秀的企业文化不仅能够吸引和凝聚优秀员工，还能够赢得各方的支持和认可。在当今社会，企业社会责任已经成为企业发展的必然要求，只有将企业社会责任与企业文化相融合，才能真正实现企业价值的全面追求和社会责任的全面履行。

（1）企业应将社会责任意识融入企业文化建设的方方面面。这包括创建现代企业文明、维护劳工权益、关爱员工生活、扶持弱势群体、保护生态环境、发展慈善事业、捐助公益事业等。企业应将社会责任理念融入企业的日常管理和运营中，使其成为企业员工的行为准则和价值追求。

（2）企业文化建设要体现"取之于社会，用之于社会"的社会责任理念。企业应在追求经济利益的同时，积极回馈社会，为社会作出积极的贡献。这

不仅体现了企业的社会责任感,也为企业树立了良好的社会形象,使企业获得了社会各界的认可和尊重。

(3)企业应通过多种方式,如企业报刊、领导宣讲、党群组织活动等,宣传企业的宗旨、核心价值观和经营理念,增强员工的社会责任意识。通过这些宣传活动,可以让员工深刻理解企业的社会责任,自觉地践行社会责任,推动企业文化建设和社会责任实践的深入发展。

企业文化的建设不仅具有内在的导向功能,还具有外部的辐射功能。优秀企业的社会责任行为会在行业内产生示范效应,推动整个行业朝着更加合规、更加负责任的方向发展。因此,企业要以社会责任表率企业为榜样,通过企业间的互动和合作,共同推进企业社会责任的实践,为构建和谐社会作出积极贡献。

在当今国际社会,许多跨国公司已将执行社会责任标准作为企业发展的重要战略。我国企业应以国有企业和上市公司为主体,带动其关联企业和中小企业,共同推进企业社会责任的实践。只有通过企业之间的互动和合作,才能在遵纪守法、安全生产、消费者权益保护、环境保护、公司治理等方面不断取得新的进展,实现企业和社会的共同发展。

2. 把承担社会责任纳入企业整体经营战略

在当今全球商业环境中,将社会责任融入企业发展战略目标已成为一项重要举措。企业应将履行社会责任视为提升管理水平、增强竞争力的重要内容,而非简单的义务。积极主动履行社会责任,对企业来说意味着通过模范示范作用发挥影响力,推动企业与社会、环境全面协调可持续发展。这种成功不仅离不开各利益相关者的支持,还要求企业对所有利益相关者承担相应责任,以达到多领域可持续发展的能力。因此,在制定发展战略时,企业必须明确其社会责任,并相应地调整组织结构,使社会责任全面融入管理体系。

企业应将社会责任工作融入管理制度、控制程序、激励政策和业绩目标中。这意味着在企业的日常运营中,社会责任不应被视为额外的负担,而应该被纳入各个方面的决策和执行中。只有这样,企业才能真正地将社会责任内化为企业文化的一部分,而不是仅仅停留在口号和表面行为上。

通过以上举措,企业不仅可以提升其形象,增强社会信任度,更可以实现可持续发展的目标。一个积极履行社会责任的企业往往会受到更多消费者、投资者和员工的青睐，从而带来更大的商业机会和持续的发展动力。

3. 社会责任与企业价值链相结合

社会责任与企业的价值链密不可分。根据迈克尔·波特的价值链分析法，企业的各项活动构成了一个完整的价值链，从生产到营销再到交货，每个环节都是为了创造价值。然而，我国许多企业长期以来在全球价值链中处于低端地位，无法分享更多的价值，这直接导致了企业社会责任的缺失。要改变这一状况，就需要全面推行价值链管理，实现从价值链的低端向中高端的转变，从而在履行社会责任的同时提升企业的价值。

价值链管理不仅是企业内部各项活动的协调和优化，更是对企业整体战略的思考和规划。企业应该深入贯彻迈克尔·波特的价值链理论，通过精细化管理和不断创新，提升产品和服务的附加值，使企业在全球价值链中占据更有利的地位。这不仅能够提高企业的市场竞争力，还能够为企业创造更多的利润和价值。同时，企业在追求价值链高端的过程中，也需要积极履行社会责任。企业作为社会的一员，应该承担起自己的社会责任，为社会作出更多的贡献。这包括对员工的关爱和培训、对环境的保护和治理、对社会弱势群体的帮助和支持等。通过积极履行社会责任，企业不仅能够提升自身的社会形象和声誉，还能够获得政府、消费者和投资者的认可和支持。

（二）建立企业社会责任内部管理体系

履行社会责任的关键在于将责任和要求融入企业的运营全过程，并持续对各业务进行改进。这意味着企业需要将社会责任理念贯彻到每项工作、每个岗位和每位员工中去，并确保其组织化、制度化和常态化，以取得实效。

（1）为建立有效的社会责任管理体系，需要建立一个由最高治理机构领导下的管理组织网络。该网络应覆盖企业内的各个经营单位和职能部门，由专人负责，并明确各级管理者的职责和权限。这样一来，就能实现全面督导和管理，推动企业社会责任战略的全面实施，并促进持续改进。这个组织网络的建立不仅能够确保责任的落实，还能够保证责任的有效传达和执行。

（2）为了确保企业的社会责任价值观得以传达到每个部门、岗位和员工，需要制定一系列的保障政策。这些政策涵盖了人力资源、财务、内部沟通等方面，旨在将社会责任管理贯穿于企业的日常运营和管理中。通过这些政策的制定与执行，可以确保企业的社会责任观念深入人心，从而在各个方面产生积极的影响。

(3) 为了加强员工的责任意识和社会责任知识，企业需要加强员工培训。通过定期培训在职员工和及时培训新进员工，可以让员工深刻理解企业的社会责任政策，规范自身行为。这样的培训不仅可以为企业的社会责任实践奠定基础，还能够培养出更多具备社会责任意识的员工，为企业的可持续发展注入新的活力。

(4) 企业须确保社会责任贯穿于产品全生命周期的各个环节。这包括研发、采购、生产、销售、使用和回收等。通过在每个环节都考虑社会责任因素，企业可以最大限度地减少负面影响，提升产品的整体可持续性。例如，通过采用环保材料、节能技术和可再生能源，企业可以降低产品的生产环境成本，同时符合环保标准。

(5) 建立有效的沟通机制是实现企业社会责任的关键。企业应积极吸收各利益相关方的意见和建议，包括员工和其他利益相关者。通过建立反馈机制，企业可以及时了解外部利益相关方的需求和期望，从而更好地调整自身的行为，履行社会责任。例如，定期组织员工座谈会、利益相关者论坛等活动，收集各方意见，及时作出调整和改进。

(6) 进行内部审核评估是持续改进社会责任管理工作的关键步骤。企业应定期对社会责任管理工作进行评估，发现问题和不足，并向管理者汇报审核结果。对于发现的问题，企业应采取及时纠正和补救的措施，确保社会责任政策的有效实施。例如，建立内部审核团队，定期对各部门的社会责任执行情况进行审核，发现问题后及时与相关部门沟通并制订改进计划。

(三) 加强社会责任沟通

沟通在企业社会责任实施中具有至关重要的地位。作为实施企业社会责任的重要工具，沟通确保了发展过程围绕组织和服务流程进行。特别是对于国有企业，其企业社会责任战略的有效实施需要依赖于有效的沟通机制，以确保员工和供应链中的每个环节都充分认识到承担社会责任的重要性以及战略目标。

1. 提升企业品牌，降低交易成本

企业与外部利益相关方之间的有效沟通是商业运营中至关重要的一环。其目的在于建立共识、达成共同标准，以及相互认同价值观，从而加深商业伙伴关系，提升品牌价值，降低交易成本。以诺维信公司与客户如宝洁的沟通为例，它们重视使用共同的商业语言和价值观，以加深合作伙伴关系，提升品牌认同度，降低交易成本。对于企业社会责任的管理，也需要与外部利益相关方进行计划性的沟通。在这一过程中，管理层应根据内部审核和外部沟通结果，与利益相关方代表团队交流企业社会责任计划的执行情况，承诺持续改进，并妥善保存沟通记录。沟通内容主要包括企业社会责任管理政策的发展变化、责任目标和指标的实现情况，以及纠正和预防措施的执行情况。这样的沟通不仅有助于外部利益相关方了解企业的社会责任承诺和实践，还能够增进彼此之间的信任，进而推动合作伙伴关系的深化与发展。通过积极地沟通，企业能够更好地履行其社会责任，实现可持续发展目标，同时也为自身的长远发展奠定坚实的基础。

2. 积极发布社会责任报告，创新沟通形式

企业对外社会责任沟通最为普遍和有效的做法是发布可持续发展报告和社会责任报告。发布社会责任报告需要进行细致的准备工作，并遵循以下基本原则：

（1）明确原则。这包括确保报告内容反映企业对经济、环境和社会产生重大影响的项目和指标。这意味着企业需要在报告中明确列出其关键业务活动，并指出这些活动对各个领域的影响。此外，企业还应该明确识别利益相关方，并说明企业如何回应他们的合理期望。这种明确的关键性原则确保了报告的内容与企业实际影响相一致，同时也让利益相关方对企业的社会责任有了更清晰的认识。

（2）确保质量。这包括报告的中立性、可比性、准确性、时效性、清晰性和可靠性。中立性要求报告客观反映企业的正负两方面的绩效，不可偏袒任何一方；可比性要求报告内容连续不间断，符合国际惯例，形式上保持一致，方便各方进行比较；准确性则要求报告信息准确详尽，不能误导读者，这需要企业进行充分的数据收集和验证；时效性则要求企业定期发布报告，

及时更新信息,以便利益相关方了解最新动态;清晰性要求报告信息表达逻辑清晰,易于理解,避免专业术语过多而晦涩难懂;可靠性要求报告信息获取过程可追溯,质量有保证,这意味着企业需要确保数据来源可信、方法可靠,并接受外部审计以验证报告的真实性。

二、完善企业履行社会责任及推动绩效评价的外部机制

(一) 我国税收制度的激励与约束机制

1. 税收机制调整与企业社会责任实现

(1) 税收机制的组成。我国的税收机制主要由三个部分组成:正式约束机制、非正式约束机制和税收征管体制。

第一,正式约束机制是国家税收制度的基础,其构成包括了纳税人、征税对象以及税率等基本要素,同时也涵盖了纳税环节、纳税期限以及税收减免等辅助要素。这些要素不仅是税收制度的主要法定依据,更是税收征管和执行过程中不可或缺的重要组成部分。通过明确规定纳税义务、税收标准和相关程序,正式约束机制有助于规范税收的实施和管理,从而确保税收的公平性和有效性。

第二,与正式约束机制相辅相成的是非正式约束机制,它包括了关于税收的意识形态、伦理观念、风俗习惯以及税收文化等因素。在这些因素中,意识形态占据着核心地位,因为它直接影响着税收正式约束机制相关规范和程序的形成。例如,一个国家对税收的普遍理念和道德观念将直接影响其税收政策的制定和执行。同时,正式约束机制也会反过来影响和推动非正式约束机制各要素的发展和完善,通过法律法规的约束和规范,逐步塑造更加健全和有效的税收文化。

第三,税收征管体制作为国家税收制度的执行机构,由国家税务机关依法征税的一系列程序性要素和环节组成。它不仅是税收约束机制实现的组织保障体制,更是确保税收制度功能得以实现的关键。税收征管体制通过建立健全的组织结构、完善的工作流程以及高效的执法手段,有效地推动税收的征管工作,保障了国家税收的稳定性和可持续性。同时,税收征管体制的完善也有助于强化正式约束机制的执行力度,提升税收征管的效率和质量,

从而更好地服务于国家的财政需求和经济发展。

（2）通过税收机制调节企业社会责任承担的路径。税收调节是国家财政管理的重要手段之一，旨在实现税收的合理分配和社会公平。通过正式约束机制和非正式约束机制，税收调节可以得到有效实施。

第一，正式约束机制通过法律规范对企业进行税收约束。国家税收法律体系是税收调节的法律基础，其规定了企业应缴纳的税收种类、税率等内容。特别是针对高能耗、重污染企业，可以采取累进税率制度，以此来鼓励企业节能减排。相应地，低能耗、环保企业则可享受投资优惠或政府补贴，从而激励其进一步提升环保水平。此外，针对那些承担社会责任的企业，政府可以给予减免税，以此激励企业积极履行社会责任，促进社会和谐发展。

第二，非正式约束机制也是实现税收调节的重要途径。这包括人们对税收的价值观念、道德规范、纳税意识和行为习惯等方面的影响。通过加强宣传教育，政府可以培养和弘扬先进的税收文化，使纳税人更加自觉地履行税收义务。此外，结合企业信誉档案，政府可以根据企业的正反面形象对其进行税收减免，这推动了企业自觉遵守税法、诚信纳税、承担社会责任的行为。通过非正式约束机制的引导和影响，可以有效提升税收征管的效率和纳税人的合规意识，促进税收调节的顺利实施。

2. 构建绿色税收体系

（1）绿色税收的概念。绿色税收，作为环境保护的关键手段之一，也被称为环境税收，其核心在于对环境友好型投资者给予税收减免，或者对污染行为进行征税。其主要目的在于建立可持续的环保机制，通过经济激励与约束的方式推动环保产业的发展，同时抑制污染行为的发生。

在国际上，绿色税收的范围主要包括排污税、原料税和专项环境保护税等。这些税收形式为各国提供了有效的经济手段，旨在引导企业和个人更加重视环境保护，从而推动整个社会朝着可持续发展的方向前进。

在中国，随着经济的快速发展，资源环境问题日益凸显，因此建立与完善绿色税收制度变得尤为迫切。目前，已经存在一些绿色税种，例如资源税、城市维护建设税、消费税等，但这些税种还需要进一步完善和扩大覆盖范围。

(2) 绿色税收的效应。

第一，绿色税收的"双重红利"效应。首先，通过改善环境与提升生态系统质量，绿色税收可以促进社会的可持续发展。环境保护和生态平衡是当今社会面临的重要挑战之一。实施绿色税收政策可以通过对污染活动征收税收，降低污染源活动的成本，从而减少污染排放，提高空气、水和土壤的质量，保护生态系统的稳定性。其次，绿色税收有助于优化税收结构与提高税制效率。传统的税收方式可能存在征收不足或过高、资源配置不合理等问题，而绿色税收则可以通过对环境污染者征收费用来纠正这些不足，使税收更加公平和有效。最后，通过减少对扭曲税种的依赖，绿色税收还可以促进经济与环境协调发展，推动产业结构的升级与优化，实现经济的可持续增长，提高社会福利水平。

第二，绿色税收的贸易收益效应。绿色税收的贸易收益效应主要表现在短期和长期两个方面。在短期内，绿色税收可能会增加出口产品的成本，降低企业的竞争力，影响企业的利润。这是因为企业需要承担更多的环境成本，导致产品价格上涨，从而降低了其在国际市场上的竞争力。然而，在长期内，绿色税收却可以促进绿色技术的研发与投入，推动绿色生产方式的发展，从而降低环保成本，提高生产效率，增强企业的可持续竞争力。此外，绿色税收还有助于提高国内产品的质量和绿色化程度，突破国际绿色贸易壁垒，增强国际竞争力。通过实施绿色税收政策，国内企业将更加注重环保和可持续发展，生产出更加环保、优质的产品，有利于拓展国际市场，提升在全球市场中的地位和影响力。

第三，绿色税收的产业结构优化升级效应。绿色税收在短期内会增加企业成本，从而降低其国际市场竞争力，可能导致生产减少。这是因为企业在面对额外税负时，往往会采取节流措施，包括削减生产规模或提高产品价格。然而，长期来看，企业的发展更多需要的是提高生产效率、进行自主创新以及降低整体税负。自主创新不仅会推动企业对绿色生产技术和设备的研发投入增加，从而推动产品绿色升级和新型绿色产品的开发，还会提高企业的竞争力和可持续发展能力。完善绿色税收体系将促进企业加大自主创新力度，从而推动产业结构的优化升级，使整个经济更加环保和可持续。

第四，绿色税收的财政收入效应。作为税收体系的一部分，绿色税收除了具备调节经济和环保等功能，还能带来财政收入。通过对环境污染者征收绿色税收，政府可以增加其财政收入，并将这些收入用于改善环境、增加支出和减少不合理收入。这有助于提升政府在国民经济发展中的调控能力，增强其财政支出的合理性和对环保事业的支持力度。而通过将绿色税收收入用于环保项目和可持续发展计划，政府还可以在社会各界树立起更强的环保意识，形成共建共享的环保氛围。

第五，绿色税收的收入分配效应。绿色税收的收入分配效应体现了一项基本原则：谁消费谁负担。这种税收机制通过将环境污染的外部成本转嫁给最终消费者，有效地推动了环境资源的合理分配。当环境损害成本被纳入产品价格中，消费者将更倾向于选择环境友好型的产品，这为资源的有效利用提供了潜在的市场信号。相对于传统的生产者为环境污染支付的方式，这种"污染者付费"的模式使环境保护成本更加公平地分配给整个社会。由此，绿色税收不仅是一种经济工具，更是一种社会公正的体现，有助于提高收入分配的公平性。

第六，绿色税收制度的环保效应。绿色税收制度的环保效应不仅体现在收入分配上，更体现在其对经济可持续发展的引导作用。作为国家引导行为的一部分，绿色税收制度鼓励了资源节约和环境友好型生产方式的转变。这一举措为促进经济的可持续发展提供了重要的指导。通过正向激励和反向激励的手段，绿色税收制度促使行为主体更多地倾向于采取与环境友好的方式进行生产和消费。特别是在能源消耗和废弃物排放等方面，节能环保成了绿色税收制度的主要目标之一。这种转变不仅有助于减少环境污染，降低资源消耗，还推动了技术创新和产业结构的升级。

(3) 构建绿色税收体系之设想。

第一，加快推进环境税开征。随着全球环境问题日益凸显，各国对于环境保护的重视程度不断提升，这导致国际社会对中国环境保护政策的期待日益增加。在产业结构调整的背景下，环境税的开征能够促使高污染、高排放产业加速淘汰，从而推动产业结构的升级和优化。基于"谁污染，谁缴税"的原则，环境税的实施将赋予企业更多的环境保护责任。这一原则的实施意味着环境污染者将承担相应的环境治理成本，从而引导企业更加注重生产过程中的环保问题。最重要的是，环境税的设立有助于内化环境污染成本，通过提高污染者的生产成本，实现了环境外部性问题的内部化，进而促进了环境保护和节能减排目标的实现。

在推进环境税开征的过程中，我们可以借鉴西方发达国家的经验。首先，要细化绿色环保税种。我们可以借鉴荷兰和美国等国的做法，设置针对不同环境污染行为和产品的税种，如燃料税、水污染税、废气税等，以此来促进生态环境保护。其次，要扩大课税范围，不仅应该将企业纳入纳税对象范围，还应该将个人纳入其中，以全面覆盖所有可能产生环境污染的主体。再次，要在税率制定方面灵活运用定额税率、差别比例税、累进税额等多种税率形式，根据不同行业和情况确定合适的税率水平。最后，要进一步下放征税权限，将环境保护税作为中央与地方的共享税，由国家层面进行征收并按比例返还给地方，以确保资金在生态环境治理和污染防治方面得到有效利用。

第二，调整和完善现行资源税。为了促进资源的综合开采和二次利用，需要制定一系列资源税调整措施。首先，扩大资源税的征收范围，不仅包括矿产资源，还包括土地、森林、水资源等，以确保更广泛的资源都能够受到征税的覆盖，进而激励其合理开发和利用。其次，将原本分散的矿产资源补偿费等行政性收费整合到资源税中，实现税收制度的有机整合，从而减少企业的行政负担，提高税收征管的效率。再次，提高企业资源税负的征收标准，通过价格和成本传导机制，激励企业合理开发和利用自然资源，减少资源的浪费和污染，提高资源利用率。最后，推进矿业税费改革，实行探矿权、采矿权有偿取得制度，建立矿山环境修复保证金制度，以及资源耗竭补贴和生态补偿机制，从而在资源开发过程中兼顾环境保护和经济效益的平衡。

第三，健全我国绿色税收优惠政策。通过实施零税率和税收抵免等政策，鼓励企业投入更多资源进行环保和新能源技术研发活动。首先，建立生态补偿机制，对企业的环保投资给予税收退税，从而激励企业积极参与环保活动，提升整体生态环境。这些措施不仅有利于企业的长远发展，也为社会可持续发展奠定了坚实基础。其次，完善税前抵扣和环保节能设备加速折旧等方法，以鼓励企业进一步开展绿色生产和投资。例如，对于采用可再生能源的企业给予税收减免，实行研发费用税前抵扣，以及对引进的绿色技术和设备实行税收优惠政策等。这些举措不仅有助于减轻企业税收负担,还促进了环保技术的推广和应用,推动了企业向绿色发展转型升级。最后,对现行税制法令条款进行认真梳理和分析,以明确税收优惠的范围和内容。通过对各种优惠项目进行归类,并建立预算控制体系,确保税收优惠政策的有效实施和合理运用,充分发挥其调节作用,避免无效投入。

第四,完善"绿色"关税制度。具体包括:①通过设定较高的进口关税税率,限制污染性原材料、产品和技术的进口,以减少对环境的不利影响。同时,针对环保产品和技术,可以采取优惠税率,降低其进口门槛,鼓励更多环保产品和技术的引进和应用。②运用出口关税限制不可再生资源的外流,以保护我国的资源环境。对于某些污染环境、影响生态环境的产品,可以采取附加税的形式或限制进口,甚至禁止其进入我国市场,以保护国内环境和生态安全。③建立"绿色壁垒"不仅可以防止境外"污染产业转嫁",还可以促使国内企业进行技术改造和产业升级,提升整体竞争力。此举也有助于改善我国的进出口结构,推动经济转型升级和可持续发展。

第五,建立生态环境保护基金管理机制。具体包括:①按照税收"取之于民,用之于民"的原则,通过建立完善的生态环境保护税收政策,确保税收的征收合理、公平。同时,要加强对生态环境保护基金的使用监督,完善监管法律制度,使基金的使用规范化、透明化,真正实现生态环境保护税的社会效益。②充分发挥生态环境保护基金的作用,用于支持生态环境治理、生态保护和环境修复工作,推动生态文明建设。基金的使用范围应包括但不限于生态保护、水资源管理、大气治理、土壤修复等方面。③加强对基金的管理和监督,建立健全管理机制和监督体系,确保基金的使用符合法律法规和相关政策要求,最大限度地实现生态环境保护的效益。

第六,在完善排污收费制度、逐步将其纳入税制改革轨道的过程中,一系列重要举措助力环保事业向更加健康可持续的方向发展。首先,针对排污收费制度,政府全面展开了改革,明确了付费主体,健全了收费项目,并提高了排污费标准。这一系列措施不仅加强了企业的环境意识,更重要的是激励了企业积极投入环保治理。其次,为了更好地管理排污费用,环保部门征收的排污费被纳入了政府预算管理,并设立了环保专项基金,实行专款专用。这一举措有效地促进了政府对环保资金的有效利用,为环境保护提供了可靠的财政支持。最后,通过将环境保护纳入税收体系,税收的强制性和低成本特点使其比排污收费更具约束力。环境保护税收的收入将作为财政专项支出,这将极大地促进环保资金的使用效率,为环保事业的持续发展提供坚实基础。

第七,在推进绿色税制改革的过程中,必须搞好相关措施的配套工作,确保改革的顺利进行。首先,立法工作至关重要。政府需要同步进行立法工作,确保绿色税制改革依法治税。这需要通过出台相关法律法规,通过听证、修改完善并实施,逐步提高法律约束力,为环保事业提供坚实的法律保障。其次,协调好相关政府部门关系也是至关重要的。需要规范和调整各部门之间的关系,特别是税务与环保部门之间的合作。只有通过协调一致的政府部门合作,才能促进环保工作的顺利开展,完善绿色税收体系,巩固执法效果,进而推动环保事业取得更大成就。

(二)企业社会责任审计机制的建构

(1)加强企业社会责任立法,并加快企业审计法规的立法步伐。企业社会责任及审计相关法律是审计工作的基础,必须建立和完善相关法规。这一举措的目的在于防止企业规避法律责任,规范审计工作,填补法律漏洞。通过完善企业社会责任法律法规,可以为审计工作提供更为清晰的法律依据,使企业在经营活动中更加自觉地履行社会责任,并严格按照法律要求进行审计,从而保障经济活动的合法性和公正性。

(2)制定社会责任审计准则和标准。审计准则和标准是审计人员必须遵循的规则和依据,它们的制定与实施直接关系到审计工作的有效开展。为了确保审计工作的有效开展,必须建立专门的标准制定委员会,促进合作,推行相关业务标准。这样的委员会可以由政府部门、专业机构、企业代表等组成,充分考虑各方利益,制定出切实可行的社会责任审计准则和标准。而核心问题在于确定审计标准的制定机构。这一机构需要具有权威性和专业性,能够独立公正地行使职责,确保审计标准的制定过程合法合规,并能够及时有效地应对审计工作中的新情况和新挑战,保障审计工作的质量和效果。通过制定社会责任审计准则和标准,可以进一步提升我国审计工作的规范化水平,为企业社会责任的有效履行提供坚实的法律保障。

(3) 强化企业领导者的社会责任教育与培训，以树立其社会责任审计意识。企业领导者在推动企业履行社会责任方面起着至关重要的作用。因此，首要之义在于加强对企业领导者的社会责任教育与培训。这种培训不仅应涵盖社会责任理论知识的传授，更须强调实践案例的分析和解决问题的能力培养。通过这种方式，企业领导者可以深刻理解社会责任审计的重要性，并将其融入企业的战略规划和日常管理中。在此基础上，还应当建立起相应的激励机制，激发企业领导者在社会责任方面的积极性和创造性。

(4) 加强审计相关人员的专业培训，包括熟练掌握财务审计技术、社会责任标准和法律法规等知识与技能。审计相关人员的专业水平直接关系到社会责任审计工作的质量和效果。因此，必须加强对审计相关人员的专业培训。这种培训应当围绕财务审计技术、社会责任标准和法律法规等方面展开，以确保他们具备全面的专业知识和技能。此外，还应当注重实践能力的培养，通过模拟案例和实地考察等方式，提升他们的应变能力和解决问题的能力。

(5) 改革审计职业考试制度，确立统一的企业社会责任审计职业资格考试，借鉴其他领域考试的经验。审计职业考试制度是保证审计人员专业素质的重要保障。当前，应当对审计职业考试制度进行改革，确立统一的企业社会责任审计职业资格考试。这种考试应当涵盖财务审计技术、社会责任标准和法律法规等方面的内容，以确保审计人员具备必要的专业素养和技能水平。在制定考试内容和标准时，还应当借鉴其他领域考试的经验，确保考试的科学性、公正性和合理性。同时，还应当建立起完善的考试监督和评价机制，对考试结果进行严格把关，确保审计人员的专业水平能够得到有效保证。

(三) 企业社会责任会计监管机制

企业社会责任会计是一个新兴的会计领域，其核心在于将企业的社会责任活动纳入会计体系，以客观反映企业在社会、环境和经济方面的责任履行情况。这种会计形式重视企业对社会和环境的影响，以及对责任履行情况的评估和披露，旨在以社会责任为导向，通过会计手段量化、记录和分析企业的社会责任活动，从而提供透明、客观、可比的信息。这意味着企业社会责任会计不仅是为了满足会计要求，更是为了落实企业社会责任，增进企业与社会的互信，推动企业可持续发展。

1. 企业社会责任会计的主要目标

企业社会责任会计的主要目标在于实现社会净效益的提高，从而实现企业社会净效益的最大化，为长期可持续的经营奠定基础。具体来说，它的目标包括提供社会责任信息，为政府、其他利益相关方和社会公共组织提供决策信息，促进社会的可持续发展，实现经济、社会和环境的共赢。这意味着企业社会责任会计不仅是企业内部管理的需要，也是企业与外部利益相关方交流的重要工具，有助于建立企业与社会各界的合作伙伴关系，推动社会的进步和发展。

2. 企业社会责任会计的会计要素

企业社会责任会计的会计要素是确保企业对社会责任履行情况进行全面记录和评估的重要组成部分。它主要包括四个关键要素：社会责任资产、社会责任负债、社会责任成本和社会责任净收益。

(1) 社会责任资产，指企业现有或未来可能为社会带来利益的各种资源。这些资源可以是企业投资的环保设备、开发的环保技术等，都是为了实现社会责任履行目标而产生的资产。

(2) 社会责任负债，指企业未来需要偿付的经济责任，这可能是因为企业的经营活动造成了环境污染或社会损害，需要通过金钱、劳务或其他方式进行补偿。这种负债的存在反映了企业在社会责任方面可能面临的风险和义务。

(3) 社会责任成本，指企业在履行社会责任过程中所承担的各种损失和成本。这些成本可能来自环境治理、社会公益项目的投入等，企业需要承担这些成本来保障社会的可持续发展和自身的可信赖性。

(4) 社会责任净收益，指企业在社会责任履行过程中所获得的净收益，即社会责任收益与社会责任成本的差额。正值表明企业在社会责任方面取得了积极的成绩，负值则意味着企业还需进一步改进和提升社会责任履行水平。

3. 企业社会责任会计的基本假设

企业社会责任会计的基本假设是该领域研究的理论基础，它包括会计主体假设、会计分期假设、持续经营假设和货币计量假设。

(1) 会计主体假设，强调会计主体应根据企业的经济权益确定，以反映财务报表使用者的利益。在企业社会责任会计领域，会计主体涉及政府和企业两方面，必须考虑到社会公众的利益，确保财务报表的真实性和可靠性。

(2) 会计分期假设，指企业的经营活动可以分割为若干较短的时期，以提供及时的财务信息。然而，在企业社会责任会计中，确定社会责任成本支出和收益的分期可能较为困难，因为其受益时间和程度难以准确确定，需要进一步深入研究。

(3) 持续经营假设，要求企业能够持续经营下去，但在企业社会责任会计中，需要严格界定企业的社会责任资产和负债，以避免对企业破产清算的影响。

(4) 货币计量假设，企业的生产经营活动及成果可以通过货币综合反映，采用多种计量单位的假设形式。在企业承担社会责任时，可以结合社会责任的性质和类型，采用多种计量手段，以更全面地反映企业的财务状况。这些基本假设为企业社会责任会计提供了理论基础和方法论指导，为其研究和实践提供了重要支撑。

4. 企业社会责任会计的核算原则

企业社会责任会计的核算原则是确保在反映企业社会责任履行情况时，能够遵循一系列基本原则，这些原则包括社会性原则、真实性原则、充分披露原则和一致性原则。

(1) 社会性原则，要求企业在进行社会责任会计核算时，不仅要考虑企业个体经济利益，更要站在整个社会的角度来评估和反映企业的经济活动。这意味着企业在履行社会责任时，应该追求社会净收益最大化，同时也要兼顾企业的自身利益，以实现企业与社会的共赢。

(2) 真实性原则，要求企业在进行社会责任会计核算时必须保持客观、真实，按照事物的本来面目进行反映，不得有歪曲或主观成分。这意味着企业在披露社会责任信息时必须诚实可信，确保会计信息可供检验，避免误导利益相关方。

(3) 充分披露原则，要求企业在进行社会责任会计时必须采用报告形式全面披露有关信息，最大限度地降低利益相关方的决策风险。这意味着企业应当及时、完整地向社会披露其社会责任履行情况，不隐瞒、不掩盖，让社会各界了解企业的实际情况，从而提高透明度和信任度。

（4）一致性原则，要求同一行业内的企业，在社会责任的内容、计量形式和报表要素上保持一致，以便于相互比较和参考。这意味着企业应该遵循行业内的共同标准和规范，确保社会责任会计信息的一致性和可比性，从而促进行业内的规范化和提升。

5. 企业社会责任会计的制定准则

在当前的商业环境下，社会责任已成为企业不可或缺的一部分。然而，当前我国的企业会计准则并未包含对社会责任的具体规范，这导致信息使用者无法充分获取企业的社会责任履行情况信息。因此，迫切需要制定我国的企业社会责任会计准则，以便社会责任会计人员能够依法从事财务监督工作，并确保企业在社会责任方面的透明度和公开度。

（1）为了有效管理和监督企业的社会责任履行情况，企业社会责任会计准则应独立于企业会计准则，并由明确定制依据、适用范围、基本理论、社会责任会计计量方法、信息质量要求等内容组成的基本准则构成。

（2）企业社会责任会计准则应包括具体准则，其主要目的是解决会计要素的确认与计量问题。这些具体准则应根据会计要素制定，针对难以可靠计量确认的情况，可以通过文字描述来规范。

6. 企业社会责任会计的具体实施

我国有关企业社会责任会计的研究起步较晚，对于社会责任会计理论方面的研究更是微乎其微，还没有形成完备的理论系统，更谈不上有成熟的经验。由于没有健全的法律法规对社会责任会计的实施进行约束，企业社会责任会计的推广应用遇到诸多困难，所以企业社会责任会计的实施不可能一步到位，应该从以下三个方面着手，采取循序渐进的方法，稳健地推动企业社会责任会计的实施。

（1）披露的内容由少到多，由易到难。在实施过程中，可以先选择容易取得和计量的项目进行披露，逐步增加披露的内容。这样做可以有效降低企业的实施成本，也有利于企业逐步适应社会责任会计的要求，提高实施的可行性和有效性。

（2）先自由后统一，先提倡后强制。由于目前我国企业社会责任会计的

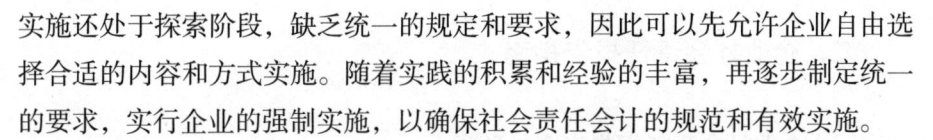

实施还处于探索阶段，缺乏统一的规定和要求，因此可以先允许企业自由选择合适的内容和方式实施。随着实践的积累和经验的丰富，再逐步制定统一的要求，实行企业的强制实施，以确保社会责任会计的规范和有效实施。

(3) 先试点再逐步推广。在试点阶段，可以选择在经济比较发达的地区、环境污染严重的行业以及大型的上市公司进行试点。这样做有利于充分发挥试点企业的示范效应，探索出适合我国国情的企业社会责任会计实施模式和经验做法，为后续推广提供可靠的经验基础和支撑。

第三节　企业社会责任报告及审验

全球经济的发展和技术进步不仅带来了巨大的经济效益，也引发了对企业社会问题的更深层次关注。随着社会的不断发展，人们对企业的期待也越来越高，不仅要求其创造经济价值，还希望其承担社会责任。在社会要求和舆论监督的双重压力下，企业逐渐认识到了社会责任的重要性，并主动采取了一系列措施来履行社会责任。其中，企业社会责任报告作为企业社会责任履行的重要体现和信息披露方式，扮演着越来越重要的角色。从最初的雇员报告到如今的综合性报告，企业社会责任报告的演变反映了企业对于社会责任的认知和履行程度的不断提升，也为社会各界提供了更为全面和透明的信息，进一步推动了企业社会责任的发展。

一、企业社会责任报告含义

企业社会责任报告是企业履行社会责任情况的信息载体，类似于财务报告在非财务报告中的核心地位。它不仅是企业正式披露社会责任的重要工具，也是政策制定者的依据。该报告是企业社会责任管理和绩效披露的关键渠道，展示了企业履行社会责任的方式和方法，并与各利益相关者进行沟通，接受评价。内容涵盖了企业在社会中的角色定位所确定的责任和义务，以及对各利益相关者的责任，同时包括其他法律、经济和道德责任。通过透明地披露这些信息，企业可以获得社会认可，建立良好形象，并与利益相关者建立稳固关系，为可持续发展奠定基础。

二、企业社会责任报告指南

(一) 企业社会责任报告指南的种类

企业社会责任报告的指南多种多样,因为在报告的编制过程中,涉及的议题类型、利益相关者的范围以及发布者的目标各不相同。这种多样性使企业可以根据自身情况选择适合的指南进行报告编制,具体如下:

(1) 行业性的企业社会责任报告指南。这类指南针对特定行业的企业制定,根据该行业的特点和社会责任问题的独特性,提供了相应的报告编制要求和指导。这样的指南能够帮助企业更好地理解和应对其所面临的具体社会责任挑战,使报告更加贴近行业实践,更具可操作性和实用性。

(2) 地域性的企业社会责任报告指南。这类指南针对特定地域或国家制定,考虑到当地的社会、文化、法律和环境等因素,为企业提供了适用于该地区的报告编制指导。这样的指南能够帮助企业更好地适应当地的法律法规和社会环境,使报告更具可信度和可接受性。

(3) 全球性的企业社会责任报告指南。这类指南具有全球性的适用范围,旨在为跨国企业和跨国组织提供统一的报告编制标准和指导原则。这样的指南通常由国际组织或权威机构发布,涵盖了全球性的社会责任议题和标准,具有较高的权威性和普适性。

(二) 企业社会责任报告指南的作用

1. 对于利益相关者的作用

(1) 通过报告指南,利益相关者能够系统性地把握报告的要点,而不至于被大量信息所淹没。指南为他们提供了一种有序的框架,使阅读变得更加高效。例如,它可能会明确指出报告中的关键部分,从而帮助利益相关者更快地定位所需信息,而不必在整篇报告中漫无目的地搜索。因此,报告指南在解决处理大量信息的问题上起到了重要作用。

(2) 通过报告指南,利益相关者不仅能够提高阅读效率,还能够准确理解报告中的责任内涵和度量标准,从而提高解读的准确性。报告往往包含着丰富的信息,包括企业的社会责任理念、具体措施以及实际成效等方面。而报告指南则可以帮助利益相关者更好地理解这些信息,并将其与企业所宣称的责任履行进行对比。例如,指南可能会解释报告中使用的术语或标准,以确保利益相关者对企业的社会责任表现有清晰的认识。因此,通过报告指南,利益相关者能够更准确地理解报告的内容,从而作出更明智的决策。

(3)报告指南促进了企业社会责任报告的统一框架和表达形式,提高了报告的可比性,方便利益相关者比较不同企业的社会责任履行表现。在没有统一的框架和标准下,企业的社会责任报告往往存在着差异化的表达方式,这给利益相关者带来了理解和比较的困难。然而,通过报告指南,企业可以遵循一致的规范,从而使报告更具可比性。例如,指南可能会规定报告中应包含的核心内容,或者提供一套统一的度量标准,以便利益相关者进行横向比较。因此,报告指南的出现使利益相关者能够更加容易地评估和比较不同企业的社会责任履行表现,从而更好地指导他们的投资或合作决策。

2. 对于企业和报告编写者的作用

(1)为企业提供入门指导。企业社会责任报告指南为需要发布社会责任报告的企业提供了编写报告的入门指导。这些指南详细说明了报告的编制要求、内容结构、审计标准等,帮助企业了解如何编制一份满足利益相关者需求和期望的报告。通过学习其他企业的社会责任报告,企业可以掌握编制报告的技巧,并进行自我评估和提升。

(2)缩短编制时间、降低成本。统一格式和标准的报告指南可以帮助企业缩短报告编制时间,降低编写报告的成本。企业可以直接参照报告指南的格式和要求进行编制,避免重复设计和制作报告的过程,从而节省时间和资源。这对于大多数企业来说是非常有益的,尤其是对于那些缺乏报告编写经验和专业知识的小型企业而言。

(3)促进企业社会责任持续改进和发展。促进企业社会责任持续改进和发展的关键点主要包括指南提供改进和发展方向,强调持续改进和适应社会需求的重要性,以及制定和执行相关计划和政策。首先,指南为企业提供了明确的改进和发展方向,使其能够更好地了解自身在社会责任方面的现状。这有助于企业确定未来的改进和发展方向,从而促进其持续发展。其次,持续改进和适应社会需求被强调为关键,因为社会需求和期望在不断变化。通过遵循指南提供的指引,企业能够更好地适应这种变化,从而保持其在社会

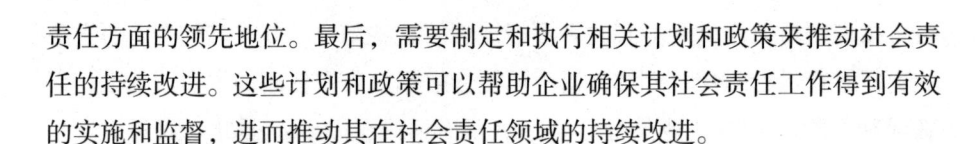

责任方面的领先地位。最后,需要制定和执行相关计划和政策来推动社会责任的持续改进。这些计划和政策可以帮助企业确保其社会责任工作得到有效的实施和监督,进而推动其在社会责任领域的持续改进。

三、企业社会责任报告组织

企业社会责任报告组织的关键点涵盖了跨部门的工作小组团队协作和报告的具体组织、撰写、设计和发布等工作。首先,跨部门的工作小组是必不可少的,因为企业社会责任涉及各个部门和层面的合作和努力。这些小组需要紧密合作,共同制订报告的组织结构,确定需要收集的信息和数据,以及制订具体的撰写和设计计划。其次,报告的组织、撰写、设计和发布等具体工作由专门的工作小组负责。这些小组需要具备专业知识和技能,能够有效地完成报告的各个环节,并确保最终报告的质量和准确性。通过这样的组织方式,企业能够更好地完成其社会责任报告,向社会各界展示其社会责任工作的成果和努力。

(一)组建报告小组

组建报告小组应当遵循以下三项基本原则:

(1)关键领导参与原则。企业社会责任报告涉及公司各个方面,需要符合公司的理念、战略和可持续发展的目标。因此,只有得到企业高层领导的积极支持和参与,才能确保报告的质量和效果。高层管理者的参与不仅能够提高报告的质量,还能够提高报告的效率,确保报告的内容与公司整体战略方向一致。

(2)跨部门原则。报告小组的成员应当来自公司的不同部门和业务领域,具有不同的专业背景和技能。这样才能保证报告内容的专业性、均衡性和完整性,同时也能够更好地反映公司的全貌和多样性。

(3)跨利益相关者原则。企业社会责任报告的主要受众是利益相关者,因此他们的意见和反馈对于报告的编制至关重要。因此,在报告小组中应当有利益相关者的代表,他们可以为报告的编制提供宝贵的意见和建议,增强报告的针对性和可信度。此外,在报告发布前征求关键利益相关者的意见也是十分重要的,这样可以确保报告更加贴近实际需求,更好地满足利益相关者的期待。

一个成功的报告小组应当包括来自不同层面的成员：起决策作用的领导层代表、具体负责编制报告的负责人、各部门的代表、外部顾问、了解企业相关利益群体情况的代表以及利益相关者的代表。他们共同协作，各司其职，为企业社会责任报告的编制提供全方位的支持和保障。

(二) 设计报告的结构和内容

一份完善的报告不仅应该包括企业的经济、环境和社会影响，还应该反映企业对可持续发展的承诺和行动。在设计报告的结构和内容时，首先需要考虑公众的期望和需求。公众期望企业能够透明地披露其经济、环境和社会影响，这有助于建立良好的利益相关者关系，提升企业形象和声誉。因此，报告的结构应该清晰明了，内容要具体全面，能够全面展现企业的社会责任履行情况。其次，设计报告的结构和内容应该符合可持续发展的原则和框架。在制定报告的规章和用语时，应该遵循全球共享的框架，以确保报告的一致性和可比性。这有助于公众更好地理解和评价企业的社会责任表现，为企业的可持续发展提供指导和支持。

然而，企业社会责任报告并非一成不变，而是一个不断发展的过程和工具。报告的目的并不仅是向外界传达信息，更重要的是能够促使企业持续改进和提升绩效。因此，报告应该具有持续改进和发展的特性，能够配合企业的整体发展过程，为企业制定战略和行动计划提供参考和支持。

在规范框架的基础上，企业可以选择适当的报告方式，并不断创新和改进报告内容。通过不断反映对社会责任的新认知和行动，企业可以在报告中突出其在可持续发展领域的领先地位和创新实践，从而提升企业的社会声誉和竞争力。

(三) 制订工作计划

在企业社会责任报告编写过程中，制订工作计划是确保高质量、按时完成任务的关键。

(1) 确定完成时间至关重要。这需要确定报告的预计发布时间，并根据此目标进行时间分解，制订工作计划。同时，也要考虑财务报告发布时间或利益相关者的需求,以便确保最终的发布时间符合预期。

(2)确定质量目标是不可或缺的。内部质量因素方面,需要考虑管理部门的要求,以及同类企业报告披露情况,这有助于确保报告的内在质量。而外部质量因素则涵盖了选择报告标准、行业指南和指标等,这些因素能够反映公司的社会责任管理水平和实践情况,从而确保报告的外在质量。

(3)明确分工是实现高效率和保证全面性、准确性的重要手段。在制订工作计划的同时,应当清晰地进行内容分解,并明确人员的分工。这样不同人员可以分工合作,分别完成报告准备工作,以提高效率、保证全面性和准确性。

四、企业社会责任报告撰写

在撰写企业社会责任报告时,报告编写风格是一个至关重要的因素,通常可以分为两种:杂志式报告和报道式报告。

(1)杂志式报告采用宣讲式语调,旨在让广大读者易于理解。这种风格的报告通常包含采访和范例,并配以大量照片资料,以增强读者对内容的亲和感。然而,需要注意的是,应避免过度使用类似于公关宣传册的形式,以免读者产生被利用的感觉。

(2)报道式报告符合商业写作规范,采用中立客观的描述性语调。这类报告通常使用图形和表格提供信息,侧重于描述事实、提出解决方案和实现目标,但不应过度解析。

在确定报告篇幅时,需要权衡考虑。报告不宜过长,以免读者失去兴趣;同时,也不宜过短,以确保内容能够清晰表述。

为了确保向利益相关者传达重要信息,报告应该通俗易懂,避免使用过多的专业术语和复杂的语句结构。重点是确保广大读者能够理解报告内容,从而了解企业的社会责任履行情况。这种清晰简明的表达方式有助于企业与利益相关者建立信任关系,并推动企业的可持续发展。

五、企业社会责任报告设计

完成企业社会责任报告的撰写和审验之后,在发布报告之前的最后一项工作就是报告的设计。设计工作包括对报告最终整体风格优化和具体版面设计两个部分。

(一) 整体风格优化

企业社会责任报告的整体协调和优化对于有效传达企业价值观和绩效表现至关重要。尽管各企业在文化、规模和行业方面存在差异，但企业社会责任报告需要遵循一些基本原则，以确保报告的完整性和可信度。这包括透明度、可比性、相关性和可验证性等原则。只有通过整体协调和优化，企业社会责任报告才能够有效地传达企业的社会责任实践和成果，为利益相关者提供准确的信息，建立信任和声誉。具体而言，企业社会责任报告需遵循以下原则：

1. 界定报告内容的原则

界定报告内容的原则包括关注企业社会责任目标、管理经验以及利益相关者的合理期望和关注点。这意味着企业社会责任报告内容的确定应该以企业的核心价值和目标为基础，同时考虑到利益相关者的关注点和期望。

(1) 关键性。企业社会责任报告不仅是项目和指标的简单汇总，更是企业对经济、环境和社会重大影响的反映。它直接影响利益相关者的判断和决策，因此，报告的关注重点应该放在对企业和社会具有关键性影响的方面。这不仅确保了报告的重要性，也提高了其实用性。在这种情况下，企业需要认真考虑和分析对经济、环境和社会具有关键性影响的因素，以便全面反映在报告中。

(2) 利益相关者参与度。企业需要明确识别所有利益相关者，并说明如何回应他们的合理期望，尊重他们的合理利益。报告应该充分考虑各利益相关者的关切点和利益诉求，确保他们在报告内容中得到充分体现和关注。这种参与度不仅可以增加报告的公信力，也可以建立起企业与利益相关者之间的互信关系，从而更好地推动企业社会责任的实践和发展。

(3) 可持续发展的背景。在当前的可持续发展背景下，企业社会责任报告需要更多地关注整体可持续发展的理念和实践。报告不仅是对社会责任履行的呈现，更是企业在可持续性发展方面的努力和成就的展示。企业应该将社会责任履行与可持续发展相结合，通过报告展示企业在经济、环境和社会方面的绩效，并积极传递可持续发展的理念，推动社会向更加可持续的方向发展。

（4）完整性。报告应该全面、详尽，不遗漏任何重要信息，以便利益相关者能够全面评估企业在报告期间的绩效，并反映企业对经济、环境和社会的重大影响。只有在报告内容完整的情况下，利益相关者才能作出准确的判断和决策，从而推动企业社会责任的持续改进和发展。

2. 确保报告质量的原则

（1）中肯性，即需真实反映企业正负面绩效，让各方客观评估整体表现。中肯性确保了报告的客观性和真实性，避免了信息的歪曲或误导。通过准确反映企业的绩效情况，利益相关者能够更加全面地了解企业的状况，为未来的决策提供有力支持。

（2）可比性，即信息筛选整理保持一致，利益相关者能够分析绩效变化并与其他企业进行比较。可比性能够帮助利益相关者更好地评估企业的绩效，了解其在行业中的地位和竞争力。通过与其他企业的比较，利益相关者可以更清晰地看到企业的优势和劣势，有针对性地提出改进建议。

（3）准确性，即信息应该详尽、准确，以便利益相关者评估企业绩效。准确性是报告的基础，只有准确的信息才能够真实地反映企业的状况，为利益相关者提供可靠的决策依据。因此，在编制报告时，必须确保信息的来源可靠、数据的准确性和完整性。

（4）时效性，即定期发布并及时提供信息，帮助利益相关者作出基于可靠信息的决策。时效性要求报告能够及时反映企业的最新情况，以满足利益相关者对信息的需求。只有及时发布的报告才能够有效地引导利益相关者作出正确的决策，应对外部环境的变化。

（5）清晰性，即信息展示方式易于获取和理解，确保清晰易懂。报告应该采用清晰简洁的语言，避免使用专业术语和复杂的数据，以确保利益相关者能够快速理解报告内容，准确把握企业的绩效情况。

（6）可靠性，即报告所用信息和方法可验证，各步骤具有可靠性和关键性。可靠性是报告质量的重要保障，只有经过验证的信息和方法才能够为利益相关者提供可信的参考依据。因此，在编制报告时，必须确保所用信息和方法的可靠性，以提高报告的信誉度和可信度。

(二)具体版面设计

首先,版面设计应注重实用性、美感和独特性。实用性确保读者能够方便地获取信息,美感则增加了报告的吸引力,而独特性则有助于报告从众多同类中脱颖而出。其次,封面设计是读者接触报告的第一印象,应清晰标明报告的年份、企业标识等关键信息,以便读者快速了解报告内容。再次,标题设计起着引导读者注意力的作用,主标题应采用较大或加粗的字体,以突出重点,而副标题则比主标题字体稍小但比正文字体粗或大一号,使标题层次分明。从次,通过使用不同字体风格来区分信息的重要性,有助于读者快速了解报告的关键信息。最后,在报告中充分应用数据和图表,并确保图文设计相互对应,以便读者更直观地理解信息。

六、企业社会责任报告发布

企业社会责任报告发布是企业向利益相关者披露其在报告期间的社会责任成绩和影响的主要途径。其首要目的在于透明地展示企业在社会责任方面的表现,向利益相关者展示企业在报告期间的社会责任成绩和影响。这种报告应展示企业在法律、规范、守则、绩效标准和自发性计划方面的可持续发展绩效,以及如何实现这些绩效。关键在于客观地展示企业如何满足各方对可持续发展的期望,以及企业受这些期望影响的情况。此外,发布企业社会责任报告需要遵循规范要求,以确保报告的准确性和可信度。同时,确保在一定媒介上以一定周期和频次发布,以便利益相关者及时获得信息,增强企业的透明度和可信任度。

(一)报告媒介

电子光盘和互联网信息:电子光盘和互联网信息是现代化的发布方式,它们具有便捷、快速、环保等优势。企业可以通过在自己的网站上发布详细的报告,以多种语言文字表述,并提供下载和转载功能,以满足不同利益相关者的需求。同时,电子光盘和互联网信息的传播范围广,可以迅速覆盖到全球各地。

1. 印刷报告

印刷报告作为一种传统的信息发布方式，在当今数字化时代依然保持着其独特的价值和意义。尽管电子媒介的普及使信息传播更为迅速和便捷，但印刷报告的实体形式却赋予了其无可替代的可触及性和传统感。

(1) 印刷报告的实体性质使信息的传递更为直观和具体。通过纸张的质感、油墨的气味以及版面的设计，阅读者能够获得一种独特的阅读体验。这种体验不仅是视觉上的，也是触觉和嗅觉上的，它能够增强人们对信息的记忆和理解。此外，印刷报告可以作为一份永久性的记录，便于存档和日后查阅，这在法律和审计方面尤为重要。

(2) 印刷报告可以包含丰富的内容。企业可以将其战略规划、市场分析、财务报告、绩效评估等关键信息整合在一份报告中，为利益相关者提供全面而深入的了解。这种整合性的信息传递方式有助于构建企业的透明度和可信任度，使利益相关者能够更好地理解企业的运营状况和未来发展方向。

2. 新闻发布会

企业可以选择以新闻发布会的形式发布社会责任报告，通过媒体的报道和利益相关者代表的参与，扩大报告的新闻性和影响力。新闻发布会可以提高信息传递的效率，并改善企业与利益相关者之间的关系。然而，需要注意的是，新闻发布会只是一种与报告相关的新闻信息，不能完全替代报告的内容披露，因此仍需搭配其他媒介一起使用。

(二) 报告频率

企业在制定报告发布策略时，通常会选择设定定期的发布周期，典型的周期为每年一次，有时也可能是每两年一次。这种周期性的发布安排对企业内部的规划和监督非常有利，同时也向外部利益相关者传递了稳定、可靠的信息。为了弥补报告发布之间的间隔，企业可以选择在综合绩效报告发布之间进行定期的信息更新，比如上市公司的季度报告。尽管这些更新可能不够完整，但它们提供了更及时的信息，从而增强了企业的透明度和沟通效果。

企业应该保持可预见的发布周期，确保在特定时期内发布所有完整的信息，以保证信息的准确性和完整性。此外，企业还可以选择将企业社会责任报告与其他报告同时发布或合并发表。这种做法不仅加强了财务报告与社会责任报告之间的联系,也提升了企业整体形象,彰显了企业的可持续发展意识。

因此,定期发布报告对企业具有重要意义,它不仅有助于内部管理和外部沟通,还为利益相关者提供了可靠的信息基础。企业应该认识到,持续的信息披露是建立信任和增强企业声誉的关键。通过制定清晰的发布策略,并在特定周期内发布准确完整的信息,企业可以提升其透明度和可信度,从而获得更多利益相关者的信任和支持。

七、企业社会责任报告审验

(一)企业社会责任报告审验的作用

企业社会责任报告审验在当前的商业环境中扮演着至关重要的角色。越来越多的企业选择通过发布企业社会责任报告来向利益相关者传达企业的社会责任实践和价值观。然而,一些人对企业社会责任报告的真实性持怀疑态度,认为其更多是一种公关手段,而非真正的行动体现。这种"可信度鸿沟"使企业面临着提高社会责任报告可信度的挑战。

为了解决这一问题,越来越多的企业开始采取第三方审验的方式来评估其社会责任报告的真实性和准确性。第三方审验能够提供独立、客观的评估,帮助企业确保报告内容与实际行为一致,提升其可信度和公信力。

通过采用独立审验,企业可以提升其社会责任报告的可信度和有效性,加强与利益相关者之间的沟通和信任。同时,这也有助于企业建立良好的企业形象,提升整体绩效。因此,独立审验已经成为企业履行社会责任、维护企业声誉和增强公众信任的重要手段之一。

(二)企业社会责任报告审验的特点

企业社会责任报告的审验是由独立的审验方采用一套详细制定的原则和标准进行的,以评价报告的质量,并确保企业社会责任绩效的管理体系、流程和能力。相对于财务报告,社会责任报告的审验方法有所不同,因为社会责任报告具有非财务性质,因此需要采取不同的审验方法。

在财务报告的审计中,审计的重点是结果,审计结论通常是肯定或否定的。肯定的结论表明内部控制有效,报告内容真实完善;否定的结论则意味着未发现错误披露或控制失效。然而,这种审计结论并未深入分析报告内容,对利益相关者的指导作用有限。

与之相比,企业社会责任报告的审验对利益相关者更为重要。审验结论会对报告内容进行具体分析,反映是否遵循实质性、可靠性、准确性、完整性、平衡性等原则,同时说明企业对利益相关者的影响。因此,社会责任报告的审验更注重对企业社会责任行为的评估,为利益相关者提供有针对性的信息,以便作出理性决策。

(三) 企业社会责任报告审验的程序

(1) 审验方在接受委托后,与企业明确审验内容、重点和目的。明确目标和范围对于审验工作的有效进行至关重要。审验方需要与企业充分沟通,确保双方对审验的范围和目标达成一致。这包括确定审验的具体内容、重点关注的领域以及审验的目的,以便为后续的审验工作奠定清晰的基础。

(2) 在明确了审验的目标和范围后,审验方与企业进一步协商确定标准和流程。这一步骤至关重要,因为审验的有效性和可信度取决于所采用的审验标准和流程的科学性和严谨性。审验方与企业共同确定审验所采用的标准、方法和程序,以及审验工作的计划和流程,确保审验工作能够按照既定的路线顺利进行,达到预期的效果。

(3) 在审验过程中,审验方需要全面审查社会责任报告,核实数据和信息的真实性和准确性。这包括对报告中所涉及的数据和信息进行逐一核查,与企业提供的原始数据进行对比和验证,以确保报告内容的可信度和可靠性,为后续的审验结论提供坚实的依据。

(4) 审验方需要分别与企业领导层、中层和基层员工进行层级访谈。通过这些访谈,审验方可以全面了解企业对社会责任的认识和落实情况,以及管理层的决策和政策落实情况。这有助于审验方更好地评估企业在社会责任方面的表现,并提出相关的建议和改进意见。

(5) 审验方有选择地访谈企业的重要利益相关者。通过与利益相关者的访谈,审验方可以了解他们对企业的期望和要求,以及企业对他们的回应和参与情况。这有助于审验方更全面地评估企业在社会责任方面的表现,并为企业未来的社会责任发展提出有针对性的建议和意见。

第五章 企业社会责任法治化的逻辑原理

在现代社会，企业社会责任的法治化已成为推动企业可持续发展的重要趋势。本章探究企业社会责任的法治化内涵、企业社会责任与法治化的辩证关系、企业社会责任的立法实践及问题梳理。

第一节 企业社会责任的法治化内涵

企业社会责任的法治化是全球范围内日益受到重视的议题。企业社会责任法治化的内涵可以从以下方面进行理解：

（1）法治化要求法律明确规定企业在环境保护、劳工权益、消费者保护、社区参与等方面的具体责任和标准。在环境保护方面，法律可能规定企业应该采取何种措施来减少污染、节约资源，并设立相应的标准和监管机制；对于劳工权益，法律可能规定最低工资、工时、安全保障等方面的要求，确保员工的基本权益得到保障；在消费者保护方面，法律可能要求企业提供真实、准确的产品信息，确保产品质量安全，并设立消费者投诉处理机制；此外，法治化还会规定企业应当积极参与社区建设和公益事业，回馈社会，促进社区的可持续发展。

（2）法治化强调企业在追求利润最大化的同时，必须遵守法律法规，确保其经营活动的合法性。这意味着企业在制定经营策略和决策时必须遵循法律的规定，不得出现违法行为。此外，企业还应该建立健全内部监督和管理机制，确保员工的行为符合法律法规，避免出现违法违规行为。通过遵守法律法规，企业可以保障自身的合法权益，降低经营风险，增强企业的可持续发展能力。同时，法治化也要求企业考虑其行为对社会和环境的长远影响，追求经济效益与社会责任的平衡。企业不仅是追求利润最大化的经济组织，更应该承担起社会责任，为社会和环境作出积极贡献。在经营活动中，企业应该关注员工福利、环境保护、社会公益等方面的问题，通过自愿性的社会责任行为，实现经济效益与社会责任的双赢。通过这种方式，企业可以赢得社会的尊重和信任，树立良好的企业形象，促进企业的可持续发展。

（3）企业社会责任法治化不仅关注企业在经济层面的表现，还关注企业对社会和环境的责任。这意味着企业在决策过程中需要综合考虑经济、社会和环境三个维度，实现可持续发展。

（4）法治化要求建立一个全面的法律框架，涵盖企业社会责任的各个方面。这包括立法、执法、司法和守法等环节，形成一个闭环的管理体系，确保企业社会责任的有效实施。

在立法环节，法治化要求制定和完善与企业社会责任相关的法律法规。这一过程包括对现有法律的修订和新法律的制定，以适应社会经济发展的新形势。关键是确保法律的公平性、适用性和实施可行性。在立法过程中，需要充分考虑企业的实际情况和社会公众的意见，促进立法的民主化和科学化。通过这样的立法环节，可以为企业提供明确的法律依据和规范，推动企业履行社会责任。

在执法环节，法治化要求政府和相关监管机构加强对企业社会责任的监督和执行。这意味着建立有效的监管机制，对企业的经营活动进行定期检查，确保企业严格遵守法律法规。同时，执法机构应提高执法效率和公正性，对违法行为进行及时查处，保障法律的严肃性和权威性。只有在执法环节中，法律的规定才能得到有效的贯彻和执行，确保企业社会责任的实现。

在司法环节，法治化要求法院对企业社会责任相关的纠纷案件进行公正审理。这包括对企业社会责任的法律争议进行解释和裁决，为企业提供明确的法律指导和司法保障。在司法审判中，法院的判决应体现社会正义和公平原则，促进企业社会责任的实现。同时，司法机构还应加强对企业社会责任领域的司法解释和案例研究，不断完善相关法律制度，为企业社会责任的落实提供更为可靠的法律保障。

在守法环节，法治化要求企业自觉遵守法律法规，主动承担社会责任。企业应建立内部合规体系，加强对员工的法律教育和培训，提高员工的法律意识和社会责任感。同时，企业还应通过公开透明的方式，向公众报告其社会责任的履行情况，接受社会的监督和评价。只有企业自觉守法、主动履行社会责任，才能够树立良好的企业形象，赢得社会的认可和支持。

第二节 企业社会责任与法治化的辩证关系

在现代社会，企业社会责任与法治化之间的关系日益受到重视。这种关系不是单向的，而是双向互动和辩证发展的。本节将详细探讨企业社会责任与法治化之间的辩证关系，分析两者如何相互促进、相互影响，并探讨如何通过这种关系推动社会整体的和谐发展。

一、法治化为企业社会责任提供法律基础

法治化为企业社会责任提供了坚实的法律基础，这意味着通过法律法规的形式，明确规范企业在经济、社会和环境方面的行为标准。这为企业履行社会责任提供了明确的指导和依据，确保企业行为的合法性和规范性。在这个过程中，法律扮演着重要的角色，它们既是企业的行为准则，也是社会的约束力量。

（1）法治化使企业社会责任不再是一种道德上的责任，而是被明确纳入了法律的范畴。这意味着企业需要按照法律法规的要求来履行社会责任，否则将会面临法律制裁。例如，环境保护法对企业在生产经营过程中排放污染物的行为作出了明确规定，企业必须依法建立污染治理设施，合规排放，否则将面临罚款、停产等法律制裁。

（2）法治化为企业提供了明确的法律依据和指导，使企业能够更加明确地了解其在不同领域的社会责任。例如，《中华人民共和国劳动法》规定了企业在劳动关系中应该遵守的基本原则和规定，明确了劳工权益的保障措施，使企业在雇佣员工、制定劳动合同等方面有了明确的法律依据。

（3）法治化还通过建立法律框架和规范体系，推动了企业社会责任的标准化和规范化。通过法律的规定，企业在履行社会责任时需要遵循一定的标准和程序，从而使企业的社会责任行为更加规范和可操作。例如，消费者权益保护法规定了企业在产品质量、售后服务等方面应该遵守的规定，为企业

提供了明确的行为标准，促使企业建立健全消费者权益保护机制，保障消费者的合法权益。

二、企业社会责任的实践有助于推动法治精神的普及

企业在履行社会责任的过程中，不仅能够提升自身的社会形象和品牌价值，还能够通过自身的实践，向社会传递法治的重要性和必要性。企业的社会责任行为，如公平交易、诚信经营、环境保护等，都能够体现法治精神，对社会公众产生积极的示范效应，提高社会整体的法治意识。

（1）企业社会责任的实践体现了企业对法律和规范的尊重和遵守。通过遵循相关法律法规，企业在经营活动中不仅能够保障自身的合法权益，还能够维护社会的公共利益。例如，企业在生产经营过程中严格遵守环境保护法律法规，主动采取节能减排措施，降低对环境的污染，这既符合法律要求，也体现了企业对社会环境的责任感，为法治精神的普及树立了积极的榜样。

（2）企业社会责任的实践促进了公平正义的实现。通过积极履行社会责任，企业能够为社会公众提供更加公平、透明的服务和产品。例如，在供应链管理中，企业要求供应商遵守劳工权益保护、环境保护等方面的法律法规和行业准则，确保供应链的公平和透明，维护供应链中各方的合法权益，推动公平正义的实现，有利于法治观念在社会中的普及和深入。

（3）企业社会责任的实践也能够加强社会各界对法治的认识和理解。通过企业的社会责任报告、公开透明的经营活动等方式，企业向社会传递了自身遵守法律的决心和行动，增强了公众对法治的信心和认同。这种法治观念的传播不仅有助于加强社会的法治意识，也能够促进公民自觉遵守法律、参与法治建设，形成全社会共同维护法治的良好氛围。

三、企业社会责任的推广促进相关法律法规发展

企业在履行社会责任的过程中，往往会面临新情况和新问题，这些情况和问题可能超出现有法律法规的范围或需要法律的进一步规范和指导。因此，企业通过参与法律的制定和修订，将实践中的经验和需求反馈给立法机关，推动法律法规的不断完善和发展。

（1）企业社会责任的实践常常引发对法律法规的修订需求。随着社会的

发展和变革，新兴产业、新技术和新业态的出现，往往会带来一系列新的法律问题。企业在积极履行社会责任的过程中，可能会遇到一些涉及环境保护、劳工权益、消费者权益等方面的新问题，这些问题需要及时得到法律的规范和指导。通过参与法律的制定和修订，企业能够将这些实践中遇到的新情况和新问题及时反映给立法机关，促使相关法律法规进行及时调整和完善，以适应社会发展的需要。

（2）企业社会责任的推广有助于倡导新的法律标准和规范。随着企业社会责任理念的不断深入和发展，涌现出了许多企业在社会责任履行方面的新模式、新理念和新实践。这些新的实践和经验往往反映了社会对法律的新需求和新期待，有利于倡导新的法律标准和规范。例如，一些企业在劳工权益保护、供应链管理、企业社会治理等方面的创新做法，可能会为相关法律的制定提供参考和借鉴，推动法律的不断更新和完善。

（3）企业社会责任的实践也可以成为法律法规的有效执行和监督的重要依据。企业通过积极履行社会责任，提高了自身的社会形象和公信力，也增强了公众对企业的信任和支持。在此基础上，企业能够更加自觉地遵守相关法律法规，主动参与社会监督和自我约束，推动法律的有效执行。同时，企业还可以通过公开透明的方式，向公众报告其社会责任的履行情况，接受社会的监督，为相关法律的执行和监督提供重要的参考和依据。

第三节 企业社会责任的立法实践及问题梳理

企业社会责任的立法实践是推动其法治化进程的关键环节。随着全球对可持续发展和企业道德行为的日益关注，越来越多的国家和地区认识到通过立法手段规范企业行为的重要性。

一、企业社会责任的立法实践

企业社会责任立法是指导和规范企业在追求经济利益的同时，承担起对社会和环境责任的法律体系。在我国，这一立法体系涵盖了环境保护、劳动权益保护、消费者权益保护以及社会公益与社区参与等多个方面，旨在推动企业实现可持续发展，促进社会和谐。

(一) 环境保护相关立法

环境保护相关的立法旨在规范和引导企业在生产和经营活动中采取有效措施，减少对环境的负面影响，促进生态文明建设和可持续发展。在中国，环境保护立法体系已经逐渐完善，涵盖了一系列法律法规，旨在保护大气、水体、土壤等自然资源，维护生态平衡，保障人民群众的健康权益。

(1) 我国的环境保护法是企业社会责任立法的核心之一。《中华人民共和国环境保护法》明确了企业在生产经营过程中应当遵守的环境保护原则和标准，规定了企业在环境管理、污染防治、资源节约和生态保护等方面的基本责任。该法强调了企业在生产过程中应当减少污染排放、节约资源、保护生态环境的基本要求，要求企业履行环境保护的基本义务，承担环境损害的法律责任。通过环境保护法的制定和实施，为企业的环境行为提供了具体的法律依据和规范，强化了企业对环境保护的法律责任意识，推动了企业加强环境管理和采取环保措施。

(2) 针对不同类型的环境污染问题，我国还制定了一系列具体的环境保护法律法规。例如，《中华人民共和国大气污染防治法》《中华人民共和国水污染防治法》《中华人民共和国固体废物污染环境防治法》等，都是针对不同环境问题的专门法律，旨在从源头上预防和控制污染，保护环境质量。这些法律法规明确了企业在特定领域的环境责任和义务，要求企业制定并实施污染防治措施，减少排放、治理污染，降低环境风险，保障环境质量和生态安全。企业必须遵守这些法律法规的要求，保证自身生产经营活动的环境友好性和可持续性，促进经济发展与环境保护的协调发展。

(3) 我国还鼓励企业采用清洁生产技术，实施环境管理体系，提高资源利用效率。环境保护立法强调了企业应当积极推进清洁生产，减少污染排放和资源消耗，提高生产过程的环保性和经济性。企业可以通过引进先进的清洁生产技术，优化生产工艺，提高资源利用效率，降低能耗排放，实现经济效益和环境效益的双赢。同时，企业还应当建立健全环境管理体系，制定并实施环境管理制度和措施，加强对环境风险的管控和管理，做到环保从业，合法经营，履行环境保护的法定义务。

(二) 劳动权益保护相关立法

劳动权益保护相关的立法旨在确保劳动者在工作场所中享有合法权益，维护其劳动权益，促进建立和谐的劳动关系，以实现社会的公平和稳定。在我国，《中华人民共和国劳动法》和《中华人民共和国劳动合同法》是两个核心法律法规，它们规定了企业在与员工相关的各个方面应当遵守的基本原则和具体规定。

(1)《中华人民共和国劳动法》和《中华人民共和国劳动合同法》明确了企业在招聘、培训、工资支付、工时安排、社会保险和福利等方面的责任和义务。这些法律规定了企业应当为员工提供安全、健康的工作环境，保障员工的基本劳动权益，禁止任何形式的歧视。例如，《中华人民共和国劳动法》规定了员工的工作时间、休息时间和休假制度，保障员工的合法权益不受侵犯。此外，《中华人民共和国劳动合同法》规定了用人单位与劳动者签订劳动合同的程序和内容，明确了双方的权利和义务，保障了劳动者的合法权益。

(2) 劳动法律法规还禁止了使用童工和强迫劳动等违法行为。劳动法规定了未成年人就业的条件和限制，保护未成年人的身心健康，防止他们被迫从事过重劳动。同时，《中华人民共和国劳动法》和《中华人民共和国劳动合同法》还规定了企业在解除或终止劳动合同时应当给予劳动者经济补偿和社会保障待遇，保障了劳动者的权益和福利。这些规定不仅有助于维护劳动者的尊严和权益，也有助于维护社会的稳定与和谐。

除了上述法律法规，我国还建立了一系列监督和维护劳动权益的机构和制度，如劳动行政部门、工会组织、劳动争议调解仲裁机构等。这些机构和制度负责监督和管理劳动关系，解决劳动争议，保障劳动者的合法权益。同时，社会各界也积极参与到劳动权益保护工作中，促进企业与员工之间的合作和沟通，维护了劳动关系的和谐稳定。

(三) 消费者权益保护相关立法

消费者权益保护立法旨在确保企业在提供商品和服务时能够遵守一系列的法律规定，保障消费者的权益和利益不受侵害。《中华人民共和国消费者权益保护法》是对此领域的一项主要立法，它涵盖了广泛的内容，从商品质量到消费者知情权的保护都有所规定。

(1)《中华人民共和国消费者权益保护法》着眼于确保企业提供的商品和服务符合质量安全标准。这意味着企业必须保证其生产或提供的商品和服务质量符合国家相关的标准和规定，不会对消费者的健康和安全造成任何潜在威胁。消费者在购买商品或享受服务时有权要求商品和服务的质量达到一定的标准，如果发现商品存在质量问题，可以要求退货或者维权。这一点在立法中得到了明确的规定，旨在保护消费者的合法权益，维护市场秩序和消费者权益。

(2)《中华人民共和国消费者权益保护法》关注的是保护消费者的知情权和选择权。这意味着企业在向消费者提供商品和服务时必须提供真实准确的信息，禁止虚假宣传和欺诈行为。消费者有权了解商品的真实情况，包括成分、产地、生产日期、质量标准等信息，以便能够作出知情的购买决定。此外，消费者还有权根据自己的需求和喜好进行选择，企业不得对消费者进行强制性的销售或者欺诈性的宣传，以保障消费者的自由选择权和知情权。

(3)《中华人民共和国消费者权益保护法》规定了消费者在购买商品或接受服务过程中的退换货权利、安全保障权利以及隐私保护权利等。消费者在购买商品时有权利要求退换货，如果发现购买的商品存在质量问题或者不符合合同约定，可以向企业提出退货或者换货的要求，以维护自己的合法权益。此外，在享受服务的过程中，消费者也有权要求服务的安全保障，确保自己的人身和财产安全不受侵害。同时，消费者的个人隐私权也受到法律的保护，企业不得非法获取、使用或者泄露消费者的个人信息，以保障消费者的隐私权和信息安全。

(四) 社会公益与社区参与相关立法

社会公益与社区参与立法旨在鼓励和规范企业积极参与社会公益活动，促进社会福利和社区发展。在我国，《中华人民共和国慈善法》(以下简称《慈善法》)是关于社会公益和社区参与的主要法律法规之一，它为企业参与慈善和公益活动提供了法律依据和激励机制。

(1)《慈善法》明确规定了企业可以依法设立基金会、捐赠财产用于公益目的,并享有税收减免等优惠政策。这意味着企业可以通过设立慈善基金会等方式,将一部分利润用于慈善事业,为社会福利事业作出贡献。此外,企业在进行慈善捐赠时,可以享受到税收方面的优惠政策,从而鼓励更多的企业积极参与慈善活动,推动社会公益事业的发展。

(2)《慈善法》还鼓励企业通过志愿服务、社区建设、教育支持等方式,回馈社会,提升企业的社会形象和品牌价值。企业可以组织员工参与各种志愿服务活动,如义务植树、支教助学等,为社会作出实际贡献。同时,企业还可以投入资源支持社区的基础设施建设、扶贫开发等项目,改善社区的生活环境和发展条件。这些举措不仅有助于提升企业的社会声誉,还可以增强企业与社区居民的互动和合作,促进社区的可持续发展。

除《慈善法》之外,我国还有一些其他的相关法律法规,为企业社会责任的实践提供了更为具体的指导和规范。这些法律法规对于企业参与社会公益活动和社区发展具有重要的指导作用,有助于规范企业的行为,促进社会的和谐稳定。

二、企业社会责任立法的问题梳理

随着企业社会责任在全球范围内的推广和实践,我国在相关立法方面也取得了一定的进展。然而,在推进企业社会责任立法的过程中,仍面临着一系列挑战和问题,这些问题的存在严重影响了立法效果的发挥和企业社会责任的实施。

(一)法律法规执行力度的不足

即便法律法规已经制定,但在执行过程中往往存在力度不足的问题。这可能源于监管资源的有限性、执法人员的专业能力不足、执法机制的不健全等多方面因素。执行力度不足可能导致一些企业在履行社会责任方面存在侥幸心理,不严格按照法律规定行事,甚至出现违法行为。此外,由于缺乏足够的执法力度,一些企业的不当行为得不到及时纠正,从而影响了整个行业乃至社会的法治环境。

(二) 法律规定的模糊性与不明确性

法律规定的模糊性是企业社会责任立法中一个突出的问题。由于企业社会责任涉及的领域广泛，包括环境保护、劳动权益、消费者权益等多个方面，不同行业和企业的特点各异，立法时往往难以对所有情况进行详尽规定。这导致一些法律法规在实际执行中存在较大的解释空间，给企业留下较大的自由裁量权。例如，对于企业应当承担的环境责任，法律可能仅规定了一般性的原则，而缺乏具体的操作标准和执行细则，企业在实施过程中难以把握具体要求，监管部门也难以进行有效监督。

(三) 监管机制的不健全与执行难题

监管机制的不健全是企业社会责任立法实施中的另一个重要问题。有效的监管机制应当包括明确的监管职责、高效的监管流程、严格的责任追究等。然而，在我国，监管机制在设计和执行上仍存在不少缺陷。例如，监管部门之间的职责划分不清晰，导致监管责任的推诿和监管真空的出现；监管流程复杂低效，影响了监管的时效性；责任追究机制不严格，导致违法行为得不到应有的惩处。这些问题的存在，使监管机制难以发挥应有的作用，影响了企业社会责任立法的实施效果。

(四) 企业自律意识与能力的不足

企业自律是企业社会责任得以有效实施的关键。然而，在我国，一些企业的自律意识和能力尚显不足。这可能与企业文化、管理层的认识、员工的教育水平等多方面因素有关。一些企业可能过于追求短期经济利益，忽视了长期的社会责任和可持续发展。在缺乏外部有效监管的情况下，这些企业可能不会主动遵守法律规定，甚至采取违法手段来降低成本、提高竞争力。此外，即使企业有意愿履行社会责任，也可能因为缺乏相关的知识和技能，而在实践中遇到困难。

第六章 企业社会责任法治化的完善路径

随着企业社会责任在全球范围内的推广和实践，法治化已成为确保其有效实施的关键途径。本章探究企业社会责任法治化的完善路径，主要包括加大法律法规的执行力度、完善与企业组织法律相关的法律制度、构建多元化的监管与评估体系、培养企业的社会责任意识与提升自律能力。

第一节 加大法律法规的执行力度

在法律法规的实施过程中，政府监管部门扮演着至关重要的角色，他们需要积极履行监管职责，确保法律法规得到有效执行。

一、增加监管资源的投入

监管资源的充足性直接关系到监管部门的执法能力和效率。监管部门需要拥有足够的人力、物力和财力资源，以有效履行监管职责，确保法律法规得到全面有效的执行。

（1）增加资金投入是保障监管资源充足的重要保障。政府应当加大对监管部门的资金支持，确保其运转经费充足。这包括对监管设施、设备的购置和维护，以及对人员编制的拓展和培训。例如，监管部门可能需要购置先进的检测设备、实施信息化建设，以提高执法效率和水平；还需要增加执法人员的数量，加强对人员的培训和技能提升，提高执法队伍的整体素质和业务水平。

（2）加强监管资源的投入可以提升监管部门的执法水平。充足的监管资源可以保障监管部门有能力开展全面、深入的监管工作，加大对企业社会责任的监督和检查力度。监管部门可以加强对企业的现场检查和抽查，及时发现和纠正违法违规行为,确保企业按照法律法规要求开展经营活动,保障公众利益和社会秩序。

(3)增加监管资源的投入可以加强对企业的指导和支持。监管部门可以通过加强宣传教育、提供咨询服务等方式,帮助企业更好地理解和遵守法律法规,提升企业的法治意识和社会责任感。监管部门还可以与企业建立良好的沟通渠道,及时解决企业在实践中遇到的法律问题和困难,促进企业自觉履行社会责任,形成良好的法治环境。

二、提高执法人员的专业能力

执法人员作为法律执行的主体,其专业素养和执法水平直接关系到执法效果和公共利益的实现。因此,监管部门需要通过加强培训和教育,提升执法人员的法律法规和专业知识水平,以及执法能力和业务水平。

(1)培训和教育是提高执法人员专业能力的基础。监管部门应该建立完善的培训机制,定期组织各类培训活动,包括法律法规知识培训、执法技能培训、案例分析讨论等。培训内容应该贴近实际工作,结合执法实践,注重案例分析和经验分享,使执法人员能够全面了解相关法律法规,掌握执法技巧和方法,提升执法能力。

(2)加强专业知识水平的培养是提高执法人员专业能力的关键。执法人员需要具备扎实的法律基础知识和相关专业知识,才能够准确理解和使用法律法规,正确判断案件情况,作出合理的执法决策。因此,监管部门可以组织法学、管理学等相关专业领域的专家教授相关知识,还可以邀请行业内的专业人士分享实践经验,帮助执法人员不断提升专业水平。

(3)提高执法人员的执法能力也需要注重实践训练和技能培养。监管部门可以通过模拟执法、实地考察等方式,让执法人员参与实际执法工作,提升他们的执法技能和实践经验。同时,还可以组织专业技能比赛和案例研讨,加强执法人员之间的交流和学习,激发其学习热情和执法积极性。

(4)加强执法人员的职业道德和素质建设也是提高专业能力的重要环节。执法人员需要具备良好的职业操守和道德品质,坚守法律底线,恪尽职守,保持公正、廉洁和奋发向上的作风。监管部门可以通过加强职业道德教育和监督管理,建立健全激励和惩戒机制,推动执法人员不断提高自身素质,保持良好形象，全面提升执法水平和服务水平。

三、提高执法效率

提高执法效率目的在于加强对违法行为的监督和管理，保障社会秩序的稳定和公平。为了达到这一目标，监管部门需要采取一系列措施来优化执法流程，简化执法手续，并借助现代信息技术手段建立健全执法信息化系统。

(一) 优化执法流程

在日常监管工作中，监管部门面临着烦琐的执法程序、长时间的案件处理周期等问题，这不仅增加了监管成本，也影响了监管效果。因此，对执法流程进行优化和精简，对于提高执法效率、增强监管能力具有重要意义。

(1) 优化执法流程可以缩短执法周期。传统的执法程序可能存在环节繁多、流程复杂的问题，导致案件处理周期长、效率低下。通过简化案件办理流程、优化证据收集程序等方式，可以减少不必要的环节和时间消耗，从而加快案件的处理进度。例如，建立高效的案件审核和审批机制，明确各个环节的责任和时限，可以有效地提高执法效率，使案件得到及时处理。

(2) 优化执法流程可以提升执法效率。监管部门在执法过程中需要收集大量的证据，调查相关当事人等，如果流程不畅、程序烦琐，将影响执法人员的工作效率。因此，通过优化证据收集程序、简化调查程序等方式，可以提高执法人员的工作效率，加快案件的处理速度。例如，利用信息化技术建立电子证据收集系统，可以实现证据的快速获取和统一管理，提高证据的可靠性和完整性，从而提升执法效率。

(3) 优化执法流程还可以提升监管的公正性和透明度。监管部门在执法过程中应当依法行政、公正执法，但如果执法程序不规范、流程不透明，将容易引发公众的质疑和不满。因此，通过规范执法程序、加强执法监督等方式，可以提升监管的公正性和透明度，增强监管的合法性和可信度。例如，建立健全的执法规则和标准，加强对执法行为的监督和评估，可以有效地防止执法人员的滥用职权和违法行为，确保监管工作的公正性和合法性。

(二)简化执法手续

在现代社会,监管部门的执法工作常常受限于烦琐的手续和冗长的流程,这不仅增加了执法成本,也降低了工作效率。因此,简化执法手续成了提升监管工作效能的重要举措之一。

(1)简化执法手续可以通过减少文书格式和内容的复杂程度来实现。传统上,执法文书往往包含大量的条款和规定,填写和审核过程烦琐、耗时。简化这些文书,精简内容,明确要求,不仅可以减少填写和审核的时间,也可以降低文书错误率,提高执法效率。例如,可以采用模板化的执法文书格式,统一规范文书内容,使执法人员能够更快速地完成文书的填写和审核工作。

(2)简化执法手续还可以通过缩短审批时间来实现。在传统的执法流程中,审批程序常常是一个时间长、环节多的瓶颈。监管部门可以通过简化审批程序,压缩审批时间,加快案件处理速度。例如,可以简化审批环节,减少审批层级,或者引入电子审批系统,实现在线审批,从而提高审批效率,缩短处理周期。

(3)简化执法手续还可以通过优化执法流程来实现。监管部门可以对执法流程进行全面审视,找出其中的烦琐环节和冗余步骤,进行精简和优化。例如,可以简化证据收集和调查程序,精简案件处理流程,从而提高整个执法过程的效率。同时,还可以加强执法人员的培训和技能提升,提高其执法水平和工作效率。

(三)借助现代信息技术手段建立健全执法信息化系统

随着信息技术的迅速发展,监管部门可以借助先进的信息技术手段,建立起完善的执法信息化系统,实现对执法数据的采集、分析和应用能力的提升,从而实现执法过程的信息共享和智能化,以更好地应对复杂多变的监管需求。

(1)执法信息化系统可以实现对执法数据的采集和整合。传统的监管工作中,执法数据分散在各个部门和系统中,数据共享和协同工作存在一定困难。借助信息化系统,监管部门可以整合各个部门和系统的数据资源,建立

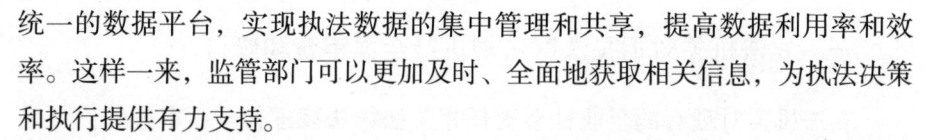

统一的数据平台，实现执法数据的集中管理和共享，提高数据利用率和效率。这样一来，监管部门可以更加及时、全面地获取相关信息，为执法决策和执行提供有力支持。

（2）执法信息化系统可以实现对执法数据的分析和挖掘。监管部门面临着大量的执法数据，如何从海量数据中提取有用信息，进行深度分析和挖掘，对于指导执法工作和优化监管策略至关重要。信息化系统可以借助数据分析和人工智能等技术手段，对执法数据进行有效整理、分析和挖掘，发现数据之间的关联性和规律性，为监管决策提供科学依据和智能支持。例如，可以通过数据挖掘技术识别出潜在的违法行为模式，及时发现和预防风险事件的发生。

（3）执法信息化系统还可以实现执法过程的全程监控和管理。监管部门可以通过信息化系统实时监测执法行为和结果，及时发现和纠正执法中的问题和漏洞，保障执法过程的公正和规范。同时，监管部门还可以通过信息化系统对执法人员的工作状态和效率进行评估和管理，提高执法队伍的整体素质和业务水平。这样一来，监管部门可以更加全面地掌握执法情况，及时调整监管策略，提升执法效率和质量。

加大法律法规的执行力度不仅是政府监管部门的责任，也需要社会各界的共同努力。企业应当自觉遵守法律法规，诚信守法，履行好企业社会责任，不断提升企业的社会形象和信誉。同时，社会组织、媒体、公众等各方也应当积极参与监督，加强对法律法规执行情况的监督和检查，及时揭露和曝光违法违规行为，推动法律法规的有效执行。

第二节　完善与企业组织法律相关的法律制度

完善法律法规，增强法律的明确性与操作性，对于促进企业社会责任的全面实施至关重要。这一过程需要立法机关进行深入审视和修订，以确保法律规定的明确性和可操作性。具体来说，有以下几个方面需要重点考虑和实施。

一、立法机关对相关法律法规进行全面审查和修订

立法机关对现有的企业社会责任相关法律法规进行全面审查和修订是确保法律体系能够适应社会发展需要的重要举措。这一过程需要逐条检视现行法律法规，以确保其与时俱进、符合实际需求。修订可以使法律条文更加具体、可操作，明确企业在各个方面的责任和义务。

（1）针对环境保护的法律法规应该明确规定各类污染物的排放标准，推广清洁生产技术，同时明确环境修复的责任界定。例如，可以制定对于不同类型企业的不同排放标准，考虑到其产业特点和实际情况，以实现对环境的更有效保护。此外，推广清洁生产技术可以通过制定相关支持政策，鼓励企业投入清洁技术的研发和应用，从而降低污染物排放量。同时，法律还应该明确企业在环境修复方面的责任，确保企业对污染环境进行修复，减少环境损害。

（2）法律法规应该进一步规定工资支付、工时安排、社会保险等方面的具体要求，以保障劳动者的合法权益。例如，可以规定最低工资标准，保障劳动者的基本生活需求；同时，规定合理的工时安排，避免过度加班给劳动者身心健康带来风险；另外，完善社会保险制度，确保劳动者在遇到意外或疾病时能够得到及时的医疗和经济保障。

（3）法律法规应该明确规定产品质量和服务标准，保障消费者的合法权益。例如，可以规定产品必须符合一定的质量和安全标准，禁止虚假宣传和欺诈行为，保障消费者的知情权和选择权。同时，完善消费者投诉和维权机制，提高消费者维权的便捷性和效率，加大对违法企业的惩处力度，从而维护市场秩序和消费者权益。

二、制定实施细则和操作指南

法律的普适性和抽象性使其在具体实践中难以直接应用，而细则和指南的出台则可以弥补这一缺陷，为企业提供具体的操作指引和标准，促进社会责任的有效履行。

（1）细则和指南的制定需要根据不同的社会责任领域和行业特点进行针对性规划。例如，在环境保护方面，可以针对不同行业的生产和经营活动，

制定相应的排放标准和治理要求，以确保企业的生产过程对环境影响最小化；在劳动权益保护方面，可以制定具体的工资支付和工时安排规定，保障员工的合法权益；而在消费者权益保护方面，则可以制定产品质量和服务标准，保障消费者的合法权益不受侵害。这样的细则和指南为企业提供了具体的行动框架和操作标准，有助于企业更好地理解和履行社会责任。

（2）细则和指南的制定需要政府部门、专家学者和企业代表等多方共同参与，确保其科学性和可操作性。政府部门作为监管者和管理者，需要负责制定和出台相关的法律法规，同时也需要听取专家学者和企业代表的意见和建议，充分考虑各方利益，保证细则和指南的科学性和合理性。专家学者的参与可以提供理论和实践经验的支持，为细则和指南的制定提供专业性和权威性。而企业代表的参与则可以确保细则和指南的实际操作性和可行性，从而更好地适应企业的实际情况和需求。

细则和指南的制定过程应该充分考虑到不同利益相关者的意见和需求，通过广泛地听取意见和建议，形成共识，确保细则和指南的广泛接受和有效执行。只有在政府、专家学者和企业代表等多方的共同努力下，细则和指南才能够真正发挥作用，推动社会责任的全面履行，促进经济、社会和环境的可持续发展。

三、制定差异化的法规要求

在制定企业社会责任相关的法规要求时，考虑到不同行业和企业的特点是至关重要的。不同行业的企业面临的社会责任和法律遵从问题可能存在较大差异，因此需要针对其特定情况进行差异化的规定，以保证法规的实际可行性和有效性。

（1）不同行业的企业在生产和经营活动中面临的环境影响程度各不相同。对于高污染、高能耗的行业，如化工、钢铁等，其生产过程可能会对环境造成较大的影响。因此，针对这些行业，应该制定更为严格的环保要求和标准，包括严格控制排放标准、加强污染物治理、推动清洁生产技术的应用等。这样可以有效降低这些行业对环境的负面影响，保护生态环境，促进可持续发展。

（2）不同行业的企业在劳动方面存在着不同的特点和挑战。劳动密集型产业如纺织、制造业等可能面临劳动力成本、劳动安全、劳动权益等方面的问题。针对这些行业，应加大劳动权益保护的力度，包括确保员工的工资支付、工时安排合理、提供安全健康的工作环境等。此外，还可以加强对非正规就业形式的监管，保障所有劳动者的合法权益。

（3）一些行业关系到公共安全和公共利益，如食品药品、医疗器械等领域。针对这些行业，需要加强监管和标准要求，确保产品的质量和安全符合国家标准和法规要求，保护消费者的合法权益，维护公共安全。此外，还应建立健全监管机制，加大对行业的监管力度，防范和惩治违法违规行为，保障公共利益。

第三节 构建多元化的监管与评估体系

传统上，政府监管是确保企业遵守法律法规和履行社会责任的主要方式，但随着社会的发展和企业责任意识的提升，单一的政府监管已经不能满足对企业行为的全面监督和评估需求。因此，引入第三方评估机构、行业协会、非政府组织等社会力量参与到企业社会责任的监督和评估中，成了一种新的尝试和探索。

一、引入第三方评估机构

政府监管虽然在维护法律法规执行和社会秩序方面具有不可替代的作用，但政府监管也存在一些局限性，比如监管资源有限、监管手段单一等问题。因此，引入第三方评估机构是一个有效的补充和完善。第三方评估机构具有独立性、专业性和客观性，能够提供更为客观和全面的评价。它们通常由具有相关专业知识和经验的专家组成，能够从专业角度对企业的社会责任履行情况进行评估。这些评估机构可以依据独立的评估标准和方法，对企业的环境、社会和治理等方面进行评估，为企业提供专业指导和建议。

（1）第三方评估机构的独立性保证了评估过程的客观性。与政府机构相比，第三方评估机构不受政治和行政干扰，能够更加客观地评价企业的社会责任履行情况，为企业提供更为客观和可信的评价结果。

(2) 第三方评估机构具有专业性。它们通常由经验丰富、具有相关专业知识和技能的专家组成，能够对企业的社会责任履行情况进行深入、全面的分析和评估。这些专家可以根据自身的专业知识和经验，提出针对性的改进建议，帮助企业改善社会责任履行水平。

(3) 第三方评估机构的客观性有助于提高评价结果的可信度。它们不受特定利益集团或企业的影响，能够客观公正地评价企业的社会责任履行情况，为企业提供真实可靠的评价报告，增强企业和公众对评价结果的信任度。

二、行业协会的参与

行业协会通常由同一行业的企业或从业者组成，对行业内部的特点、问题和发展趋势有着深入的了解，因此，它们能够有效地制定和推动适合该行业的社会责任标准和指南，从而促进企业在社会责任方面的履行。

(1) 行业协会了解行业内部的特点和问题。由于行业协会的成员主要来自同一行业，他们对该行业的运作模式、技术特点、市场需求等方面有着较为深入的了解。因此，行业协会能够更准确地把握该行业在环境、社会和治理方面面临的挑战和问题，有针对性地制定相应的社会责任标准和指南。

(2) 行业协会能够制定适合该行业的社会责任标准和指南。在了解了行业内部的特点和问题之后，行业协会可以针对性地制定适合该行业的社会责任标准和指南，明确企业在环境、劳动权益、消费者权益等方面的具体责任和义务。这些标准和指南既符合行业的实际情况，又具有一定的约束力，可以引导企业积极履行社会责任，推动行业的可持续发展。

(3) 行业协会的参与能够促进企业之间的良性竞争。通过制定统一的社会责任标准和指南，行业协会能够提升行业内企业的社会责任意识，促使它们更加重视社会责任的履行。在这种共同的引导下，企业之间将展开一场良性竞争，不仅在产品质量和技术创新方面竞争，还会在社会责任履行方面展开竞争，从而推动整个行业的可持续发展。

三、非政府组织的引导

非政府组织（NGO）在企业社会责任领域扮演着重要的角色，其作用不可忽视。作为独立的第三方，NGO具有较高的公信力和社会影响力，能够从公众的角度监督企业的行为，并提出建设性的意见和建议，从而推动企业履行社会责任，促进社会进步。

（1）NGO通常具有较高的公信力和社会影响力。由于NGO是独立于政府和企业之外的组织，其在公众心目中常常具有较高的信誉和公信力。NGO通常代表着公众的利益和诉求，它们的言论和行动往往能够引起社会的广泛关注和共鸣。因此，当NGO对企业的社会责任行为进行监督和评价时，其评价结果往往具有较高的说服力和影响力，能够推动企业改善社会责任履行水平。

（2）NGO能够从公众的角度监督企业的行为。NGO通常代表着公众的利益和诉求，他们可以通过开展调研、发布报告、组织公众活动等方式，监督企业在环境、社会和治理方面的行为表现。通过向公众披露企业的社会责任行为，NGO能够促使企业更加重视社会和环境的影响，采取更加负责的经营行为，从而实现企业的可持续发展。

（3）NGO可以提出建设性的意见和建议，推动企业改善社会责任履行水平。NGO通常会根据自身的调研和观察，提出针对性的建议，帮助企业识别和解决存在的问题，促进企业社会责任的持续改进。这些建议可能涉及企业的环境管理、员工福利、社区投入等方面，对企业的社会责任履行具有指导性和促进性作用。

第四节　培养企业的社会责任意识与提升自律能力

企业作为社会的一部分，其行为举止对社会、环境以及利益相关者都具有深远的影响。因此，培养企业的社会责任意识和提升其自律能力成为当今企业管理中的重要课题。

一、将社会责任理念融入企业文化和经营战略中

将社会责任理念融入企业文化和经营战略是企业在履行社会责任方面的重要举措，具有长远的战略意义和积极的影响。这一举措旨在使社会责任

不仅成为企业的一种义务,更成为企业发展的内在动力,从而实现经济效益与社会效益的双赢。

(1) 将社会责任理念融入企业文化意味着将社会责任作为企业核心价值观的重要组成部分。企业文化是企业内部的精神风貌和行为准则,它直接影响着员工的行为和决策。将社会责任理念融入企业文化,意味着将社会责任视为企业发展的基石,将其融入企业的日常运营和管理之中。这不仅可以激励员工树立社会责任意识,还可以引导员工在工作中积极履行社会责任,推动企业形成良好的企业行为习惯。

(2) 将社会责任融入经营战略意味着在企业的业务计划和决策中充分考虑到社会、环境等方面的影响。现代企业面临着越来越复杂的社会环境和公众期待,单纯追求经济利益已经不能满足社会的需求。因此,企业需要通过将社会责任融入经营战略,使之成为企业发展的重要战略目标。在制定业务计划和决策时,企业应当综合考虑到社会责任的影响因素,如环境保护、员工福利、社区发展等,以确保企业的发展能够符合社会的利益和期待,实现经济效益与社会效益的双赢。

(3) 将社会责任理念融入企业文化和经营战略还有助于提升企业的品牌形象和竞争力。现代消费者对企业的社会责任越来越关注,他们更倾向于选择那些具有良好社会责任形象的企业进行合作或购买。因此,通过积极履行社会责任,企业不仅可以树立良好的企业形象,还可以吸引更多的消费者和投资者,提升企业的市场竞争力。

二、建立内部管理体系和自我评估机制

建立内部管理体系和自我评估机制有助于确保企业能够有效地管理和监督其社会责任活动,及时发现和解决存在的问题,持续提升社会责任水平。

(1) 建立内部管理体系。在这个管理体系中,一个关键的组成部分是社会责任管理委员会。该委员会负责制定和监督企业的社会责任政策、目标和计划,明确责任和任务分工,协调各部门之间的合作,推动社会责任工作的落实。通过建立这样的管理机构,企业能够有效地整合资源,加强社会责任活动的组织和管理,确保各项活动符合企业的战略定位和核心价值观。

(2) 建立内部监督机制。这一机制主要包括内部审计、监督委员会等形式。内部审计部门可以定期对企业的社会责任活动进行审查和评估，发现问题并提出改进意见，确保社会责任工作的合规性和有效性。监督委员会则负责监督企业的社会责任履行情况，及时发现和解决存在的问题，保障企业社会责任工作的顺利开展。通过建立这样的内部监督机制，企业能够及时发现和解决问题，防范和减少各种风险，提升社会责任履行的水平和质量。

(3) 建立自我评估机制。自我评估机制可以帮助企业全面了解自身的社会责任履行情况，发现问题并及时采取改进措施。在这一机制下，企业可以制定具体的评估标准和指标，定期对各项社会责任活动进行评估和分析，发现存在的问题和不足之处，并及时采取有效的措施加以改进。通过这样的自我评估机制，企业能够不断完善自身的社会责任管理体系，提高社会责任履行的效果和效率。

三、加强员工的社会责任教育和培训

（一）开展社会责任培训课程

在社会责任培训课程中，可以邀请行业专家、学者或相关机构的代表作为讲师，分享行业最新的发展动态、成功案例和最佳实践经验。通过这些专业人士的讲解，员工可以获得权威性的信息和观点，了解企业社会责任的最新趋势和要求，进一步激发他们对社会责任的学习热情和责任感。此外，社会责任培训课程还可以通过案例分析、互动讨论等方式进行。通过真实案例的分析，员工可以深入了解企业在社会责任履行过程中所面临的挑战和困难，以及如何通过有效的措施和策略来解决问题。而通过互动讨论，员工可以分享彼此的看法和经验，促进思想交流和碰撞，提高对社会责任问题的思考和理解能力。

（二）组织社会责任主题活动

(1) 志愿活动是一种重要的社会责任实践形式。企业可以组织员工参与各类志愿服务，如社区义工、环保清理、关爱留守儿童等活动。通过亲身参与志愿服务，员工能够深刻感受到自己对社会的贡献，增强社会责任感和使

命感。此外，志愿活动也可以促进员工之间的团队合作和沟通，增强企业内部的凝聚力和团队精神。

（2）公益项目也是企业社会责任活动的重要组成部分。企业可以通过资助、捐赠或参与公益项目的合作，为社会公益事业贡献力量。例如，企业可以资助贫困地区的教育、医疗项目，支持环境保护和文化传承等活动。通过公益项目的实施，不仅可以改善社会的整体环境和福祉，还能够提升企业的社会声誉和品牌形象，获得社会和消费者的认可与支持。

(三) 提升员工专业技能和职业素养

企业可以根据员工的岗位特点和工作内容，设计针对性的培训计划，包括职业道德、沟通技巧、问题解决能力等方面的培训内容，帮助员工在履行社会责任的过程中更加高效地开展工作。这不仅有利于提升员工的工作业绩，还可以为企业的社会责任实践提供更加坚实的基础和支撑。

四、参与社会公益活动，与社区建立合作关系

（1）参与社会公益活动。通过参与公益活动，企业可以为社会作出实际的贡献，如捐资助学、赈灾救助、环境保护等，为社会发展和进步作出积极的贡献。这些公益活动不仅可以改善社会环境，提升民生福祉，还可以增强企业的社会影响力和公信力，树立良好的企业形象。同时，公益活动也是企业与社会各界沟通交流的重要渠道，有助于增强企业与社会之间的互信和合作。

（2）与社区建立合作关系。社区是企业的重要利益相关者，与社区建立良好的合作关系有助于促进企业与社区的融合发展，实现双方的共同繁荣。通过与社区合作，企业可以共同开展各种项目和活动，如扶贫帮困、文化教育、环境治理等，满足社区的需求，提升社区的发展水平，增强社区的凝聚力和活力。与此同时，企业也可以通过与社区合作，更好地了解社区的需求和期待，调整自身的经营策略和发展规划，实现与社区的良性互动与共赢。

结 束 语

　　随着全球化的不断深入和市场经济的快速发展，企业社会责任及其法治化已成为推动企业可持续发展、构建和谐社会的重要力量。通过本书可以认识到，企业不仅是经济活动的主体，更是社会责任的承担者。企业在追求经济效益的同时，应积极履行对社会和环境的责任，这不仅是道德的要求，也是企业长远发展的战略选择。而法治化作为企业社会责任实施的重要保障，为企业行为提供了明确的法律框架和执行标准。通过加大法律法规的执行力度、完善相关法律制度、构建多元化的监管与评估体系，以及培养企业的社会责任意识，可以期待企业在法治轨道上更好地承担起社会责任，实现与社会的和谐共生。

　　展望未来，随着科技的进步和社会的发展，企业社会责任及其法治化将面临新的挑战和机遇。我们相信，通过不断地探索和实践，企业将更加深刻地理解社会责任的重要性，更加主动地将其融入企业文化和经营战略中。同时，法治化进程的深化将为企业提供一个更加公平、透明和可预测的经营环境，促进企业与社会的共同繁荣。

参 考 文 献

[1] 匡海波. 企业社会责任 [M]. 北京：清华大学出版社，2010.

[2] 黎友焕. 企业社会责任 [M]. 广州：华南理工大学出版社，2010.

[3] 黎友焕. 企业社会责任概论 [M]. 广州：华南理工大学出版社，2013.

[4] 刘淑华. 企业社会责任绩效评价及推进机制 [M]. 北京：中国经济出版社，2015.

[5] 彭劲松. 企业管理与企业社会责任 [M]. 广州：华南理工大学出版社，2011.

[6] 新时代员工与企业社会责任课题组. 新时代员工与企业社会责任 [M]. 北京：中国经济出版社，2020.

[7] 严武，孔雯. 企业社会责任对财务困境的影响 [J]. 技术经济与管理研究，2023(6)：55-59.

[8] 张征华，邓小琴，刘依璇，等. 企业社会责任抑制非效率投资了吗 [J]. 会计之友，2023(20)：86-94.

[9] 田金方，李靖宇，杨晓彤. 交叉持股网络位置与企业社会责任 [J]. 经济与管理评论，2023，39(6)：109-121.

[10] 冯丽艳，朱雨洁，吕海文，等. 企业社会责任与资本结构动态调整 [J]. 华东经济管理，2023，37(12)：114-128.

[11] 洪灿城，刘林栋，任颋. 风险投资参股与企业社会责任表现 [J]. 技术经济与管理研究，2023(6)：71-76.

[12] 顾乃康，罗燕. 融券卖空、企业社会责任与企业价值 [J]. 证券市场导报，2023(4)：68-79.

[13] 颜琪，赵自强. 地理位置对企业社会责任披露的影响 [J]. 世界地理研究，2023，32(8)：126-138.

[14] 石福安，李晓冬，马元驹. ESG背景下的企业社会责任驱动模式研

究[J].财会月刊,2023,44(1):26-35.

[15]闵志慧,何艳敏.企业社会责任、股权质押与非效率投资[J].重庆理工大学学报,2023,37(7):115-128.

[16]高杨,黄明东.高管教育背景、风险偏好与企业社会责任[J].统计与决策,2023,39(10):183-188.

[17]刘新民.企业社会责任研究[J].社会科学,2010(2):89-99.

[18]徐焱军,熊艳,林子昂.员工持股计划对企业社会责任的影响研究[J].工业技术经济,2023,42(11):67-78.

[19]苏泽康,张亚丽,贾光.职业卫生与企业社会责任探讨[J].医学与哲学,2023,44(2):16-20.

[20]赵勍升.论零售企业社会责任[J].改革与战略,2008,24(4):145-147.

[21]朱小能,白楠楠.企业社会责任对公司债发行定价的影响研究[J].社会科学,2023(1):113-127.

[22]王海花,王莹,李树杰,等.企业社会责任与创新:一项 Meta 分析的检验[J].技术经济,2023,42(8):89-98.

[23]张倩肖,刘德峰.资本市场开放对企业社会责任的影响机制研究[J].武汉大学学报(哲学社会科学版),2023,76(1):152-165.

[24]梁微,葛宏翔.企业社会责任履行、成长周期与财务风险研究[J].技术经济与管理研究,2023(11):76-81.

[25]伊力奇,李涛,宋志成.国有企业高管政治激励与企业社会责任[J].技术经济与管理研究,2022(11):67-72.

[26]刘兆.和谐社会的企业社会责任[J].中国流通经济,2006,20(8):34-36.

[27]刘源.企业社会责任、管理者能力与董事网络同群效应[J].商业研究,2023(3):127-135.

[28]郭全中,张金熠.互联网平台企业社会责任实践与治理研究综述[J].新闻爱好者,2023(9):34-38.

[29]李晓庆,易苇.共同机构所有权是否会提升企业社会责任表现[J].南京审计大学学报,2023,20(4):51-59.

[30] 蒋德权,蓝梦.企业社会责任与产品市场表现[J].财经研究,2022,48(2):109-122.

[31] 马卫红,苏寻.企业社会责任的"责任"究竟是什么[J].广西师范大学学报(哲学社会科学版),2024,60(1):104.

[32] 杨乐兴.基于要素资本理论的企业财务关系研究[J].会计之友,2013(7):14.

[33] 苗凯.财务管理目标与企业财务战略选择[J].纳税,2021,15(29):79.

[34] 田虹,田佳卉,张亚秋.顾客参与价值共创、顾客知识转移与企业双元创新[J].科技进步与对策,2022,39(8):121.

[35] 赵兵,彭丽坤.论企业财务信用制度[J].中外企业家,2016(2):802.

[36] 邱涛.商业企业诚信文化建设研究[J].山东纺织经济,2013(8):22.

[37] 王学军.浅谈依法治企助力企业基业常青[J].管理学家,2014(14):663.

[38] 赵瑾.企业社会责任信息披露对审计质量的影响[J].合作经济与科技,2023(5):158.

[39] 张文娟.企业社会责任报告的评价[D].太原:山西财经大学,2012:1.